초능력

비주얼씽킹

초등한국사

1 선사 시대 ~ 고려

비주얼씽킹

> "
> 비주얼씽킹은
> 어려운 공부법이 아니라
> 그림으로 생각하고 정리하는
> 즐거운 습관입니다.
> "

큰★별샘이
비주얼씽킹 초등 한국사를 추천합니다!

초등학교는 한국사를 배우는 첫 시기입니다. 그래서 저도 초등학생들의 한국사 공부에 대해 늘 고민이 많았습니다. 이 때의 경험이 앞으로 한국사 공부에 대한 생각을 결정짓는다 해도 과언이 아니기 때문입니다. 자칫 어렵거나 지루하다는 느낌이 들면 중학교, 고등학교, 그 이후의 한국사 공부를 할 때 내내 괴로울 수밖에 없습니다. 그래서 어떻게 하면 첫 단추를 잘 끼울 수 있을까 고민이 많아집니다. 저보다 이 같은 고민을 더 많이 한 초등학교 선생님들이 이 책을 만들었기에, 한국사를 사랑하고 가르치는 한 사람으로서 이 책은 참 반갑고 고맙습니다.

이미 서점가에는 한국사를 다룬 책이 많습니다. 초등학생을 위한 한국사 책도 당연히 많지요. 하지만 이 책을 단연 돋보이게 하는 힘은 '공부의 즐거움'에 있고 그것이 아이들에 대한 깊은 이해에 바탕을 두고 있어 놀랍습니다. 빠르게 변하는 시대, 이미지와 영상 속에서 자라나고 있는 아이들의 눈높이에 꼭 맞춘 책의 구성은 현장에서 아이들을 마주하는 선생님들이기에 가능하다는 생각이 듭니다. 옛날 이야기를 읽는 것 같은 쉽고 재미있는 설명과 그 이야기를 한 장의 이미지로 정리해 주는 비주얼씽킹은 이 책의 가장 큰 무기입니다. 백 마디의 문장을 읽고 외우는 것은 힘들지만, 그것을 한 장의 그림으로 기억하는 것은 어렵지 않습니다. 재미있게 이야기를 읽고 그림으로 정리하는 과정 속에서 자연스럽게 한국사의 기본적인 흐름과 개념들을 이해하게 되고, 아이들에게 '공부의 즐거움'으로 다가올 것이라는 확신이 듭니다.

오랫동안 비주얼씽킹을 연구하고 그것을 교육 현장에 적용하기 위해 노력한 참쌤과 참쌤스쿨 선생님의 노력을 알기에, 그 결실이 한국사라는 영역에서 빛나는 것에 기쁨을 느낍니다. 즐겁게 배운 한국사 공부의 경험이 앞으로 한국사 공부에서 오래 달릴 수 있게 해 주는 에너지가 되리라 생각합니다.

큰★별샘 **최태성**(별별 한국사 연구소장)

비주얼씽킹 초등 한국사를 시작하는 여러분께

여러분 안녕하세요? 이 책은 비주얼씽킹(Visual Thinking)이라는 조금 생소한 공부 방법을 바탕으로 만들었어요. 영어로 쓰여 있으니 무언가 대단한 것처럼 생각되지만, 사실은 아주 간단한 공부 방법이에요. 글과 그림을 함께 활용하여 생각하고 이 과정에서 자연스럽게 공부를 하는 것이죠.

비주얼씽킹이 무엇인지 먼저 살펴볼까요?

'임진왜란으로 인해 조선은 큰 피해를 입었다.'

위 문장을 그림으로 그린다면 어떻게 표현할 수 있을까요? 다양한 방법이 있겠지만 아마 그림을 잘 그리는 사람도 쉽게 표현하기 어려울 거예요.

위 그림은 실제로 초등학교 5학년 친구가 그린 그림입니다. 임진왜란으로 인해 누더기가 된 조선의 모습을 재미있게 표현했어요. 위와 같은 표현은 그림에 특별히 소질이 없더라도 그릴 수 있어요.

문자를 사용한 글은 논리적이고 체계적이에요. 그에 비해 그림은 보다 직관적이죠. 이해하기 어려운 내용을 그림과 함께 봤을 때 '아!' 하며 내용 전체를 한꺼번에 이해했던 경험이 있을 거예요.

이번에는 '고려 말'과 '고려의 멸망'이라는 주제는 어떻게 표현할 수 있을까요?

'말(末)'이라는 뜻은 나라가 없어지기 바로 전이라는 뜻이니 나라의 기운이 기울고 안팎으로 나라가 어려웠겠죠? 왕관을 그려놓고 '고려'라고 적은 다음 이곳저곳의 누더기를 그려 주니 고려가 몹시 힘들고 어려워 보이네요. '고려 멸망'은 어두운 색으로 왕관을 칠하고 위에 천사링을 그려 넣었네요. 누가 봐도 나라가 멸망한 것을 직관적으로 알 수 있겠어요. 비주얼씽킹의 표현 방법은 미술 시간에 그렸던 그림들과는 조금 달라요. 누구나 그릴 수 있고 한 번만 보아도 이해하기 쉬운 표현으로 낙서 같이 보이기도 하지만 내용을 이해하는 데 도움이 된답니다.

이 책은 그림을 좋아하는 초등학교 선생님들이 함께 만들었어요. 어려운 한국사 내용을 어떻게 하면 여러분들이 쉽고 재미있게 이해할 수 있을지를 가장 많이 고민하며 다양한 방법으로 한국사 내용을 정리했답니다.

책 속에 있는 QR코드를 스마트폰으로 찍어 보세요. 선생님들이 만든 비주얼씽킹 강의를 활용하여 책을 공부한다면 쉽게 한국사와 친해질 수 있을 거예요.

이 책이 여러분에게 정말 많은 도움이 되었으면 좋겠어요.

이 책을 만드신 쌤들!

김차명 선생님
(경기도 교육청)

이인지 선생님
(서울 구일초)

김근재 선생님
(서울 청담초)

강세라 선생님
(충북 청주 상봉초)

김화인 선생님
(충북 청주 원봉초)

백지민 선생님
(서울 송정초)

송가람 선생님
(경남 함안 가야초)

유명선 선생님
(경기 시흥 정왕초)

윤보연 선생님
(경기 남양주 예봉초)

조하나 선생님
(충북 청주 새터초)

표지수 선생님
(서울 지곡초)

이 책을 활용하는 Tip

Tip2
비주얼씽킹 학습

선생님이 들려주는 한국사 이야기를 읽어보며, 한국사 개념과 흐름을 정리할 수 있어요.

Tip1
그림 연표

그림 연표로 한눈에 보는
한국사
1. 선사 시대와 고조선

구석기 시대 약 70만 년 전
한반도의 구석기 시대 시작

구석기 시대 사람들은 돌을 깨뜨려 만든 뗀석기를 사용했어.

▲ 주먹도끼

▲ 신석기 시대 사람들이 사용한 빗살무늬 토기 (와 가락바퀴)

고조선 건국 기원전 2333년
기원전 2000년~
1500년경
청동기 문화 보급

▲ 고인돌   ▲ 비파형 동검

앞으로 배울 다양한 한국사 이야기를
그림 연표로 미리 살펴보세요.

O5

신석기 시대의 생활 모습은 어떻게 변화했을까요?

참쌤 동영상

지금으로부터 약 1만 년 전, 무려 10만 년 동안이나 추운 기후가 계속되었던 빙하기가 끝나고 오늘날과 같이 날씨가 따뜻해지면서 땅에서는 여러 가지 식물들이 자라고, 불어난 물에는 물고기들이 넘쳐나기 시작했어.

이때부터 사람들은 정교하게 돌을 갈아 간석기를 만들어 사냥과 고기잡이를 했어. 그리고 흙을 빚어 토기를 만들어 사용했지. 이 시기를 신석기 시대라고 해.

기후가 변하자 사람들은 이곳저곳을 더 이상 옮겨 다니지 않고, 먹을거리를 구하기 쉬운 강가나 해안가에 움집을 짓고 농사를 지으며 정착 생활을 하기 시작했어. 사람들은 처음에는 씨족끼리 모여 살았는데 점점 다른 씨족과 교류를 하며 부족 공동체로 발전하였어.

신석기 시대 사람들은 열매를 따고 먹을거리를 채집하는 활동도 계속하였어.

신석기 시대에 사람들은 처음으로 농사를 짓기 시작했어. 주로 조, 수수 등을 재배하였고, 가축도 기르게 되었단다. 사람들의 도구를 만드는 기술도 점점 발달하여 동물의 가죽을 다듬고 실을 만들어 옷감을 짜기도 했지. 또한 여러 가지 의미를 담은 물건으로 몸을 치장하기도 했어. 조개나 동물의 뼈, 이빨 등을 장신구로 이용했어.

● **빙하기**(氷 얼음 빙, 河 물 하, 期 시기 기) 전 세계적으로 기후가 차가워져 중위도 지역까지 빙하가 존재하였던 시기
● **움집** 땅을 파서 바닥을 다지고 그 위로 나무를 대어 지붕을 올린 반 지하 형태의 집.

▲ 신석기 시대 사람들이 만든 조개껍데기 가면

QR코드 참쌤 동영상
참쌤 선생님들이 그리면서
설명해 주시는 생생한
비주얼씽킹 강의

이야기하듯이 구성된 설명으로
한국사 개념과 흐름을
재미있게 공부해요.

역사 이야기
여러분의 호기심을 채워 줄
다양한 이야기가 담겨 있어요.

비주얼씽킹
한국사 개념을 그림으로
쉽고 재미있게 정리해요.

삼쌤이 들려주는
역사 이야기 ┃ 몸을 치장하기 시작한 신석기 사람들

우리의 조상들도 아름다움의 의미를 알고 있었을까요? 한반도에 살았던 신석기 시대
사람들은 조개껍데기로 만든 가면이나 팔찌, 목걸이, 짐승의 송곳니로 만든 발찌 등
을 이용해 몸을 치장했어요. 아름답게 보이기 위해서뿐만 아니라 당시 신석기인들은
자신들의 생활에 영향을 주는 구름, 해, 비 등 자연환경에 영혼이 있다고 생각하거나
짐승이나 식물을 숭배하기도 했는데, 여러 가지 장신구에는 더 많은 고기나 곡식을
얻기를 바라는 부적의 의미를 담기도 했어요.

신석기 시대 생활 모습

정답 178쪽

기후의 변화

약 1만 년 전에 (❶   )가 끝나고 기후
가 따뜻해지면서 식물들이 잘 자라고, 다양
한 생물들이 살게 되었어요.

최초의 농업 활동

신석기 시대 사람들은 (❷   )를 짓기 시작하여
조, 수수 등을 수확하였고, 가축도 기르게 되었어요.

정착 생활의 시작

사람들은 더 이상 이동 생활을 하지 않고 강가나 해안가에
(❸   )을 짓고 모여 살며 마을을 이루게 되었어요.

초성 Quiz

1 (ㅂㅎㄱ)가 끝나고 날씨가 따뜻해지면서
먹을거리가 풍부해졌다.
☐ 빙하기   ☐ 비행기

2 신석기 시대에 들어서 사람들은 처음으
로 (ㄴㅅ)를 짓기 시작했다.
☐ 나사   ☐ 농사

1. 선사 시대와 고조선 **25**

Tip3
역사 논술

역사 논술 ┃ 단군왕검의 건국 이야기는 어디까지 사실일까요

주제 알기
• 시기: 고조선 건국(기원전 2333년)
• 내용: 하늘의 신인 환인의 아들 환웅은 비, 바람, 구름을 다스리는 신하를 데리고 신단수
  아래의 인간 세계를 다스린다. 환웅은 사람이 되고 싶다며 찾아온 곰과 호랑이에게 쑥과
  마늘을 동굴에서 견디면 인간이 될 수 있다고 하였다. 환웅은 곰에서 인간으로 변한 웅
  녀와 아들인 단군왕검을 낳았고, 단군왕검은 훗날 고조선을 세운다.
• 관련 기록: 『삼국유사』, 고려 일연, 『동국통감』조선, 『위서』중국 등

관련 키워드   # 고조선 # 신화 # 역사 # 환웅 # 웅녀 # 단군왕검

관점 보기

다음 자료를 보고, 빈칸에 들어갈 알맞은 내용을 쓰세요.

내가 고조선을 세운 왕이 되어 단군왕검의 건국 이야기를 평가해 보세요.

한국사 속 다양한 주제로 역사 논술을
펼치며 자신의 생각을 완성해보세요.

초성 Quiz
중요한 개념을 퀴즈로
한 번 더 풀어봐요.

글로 읽었던 한국사 이야기를 그림으로
한 번 더 정리하면 비주얼씽킹 학습 완성!

차례

1. 선사 시대와 고조선

2. 삼국의 성장과 발전

차례

3. 통일 신라와 발해

4. 고려의 성립과 변천

1. 선사 시대와 고조선

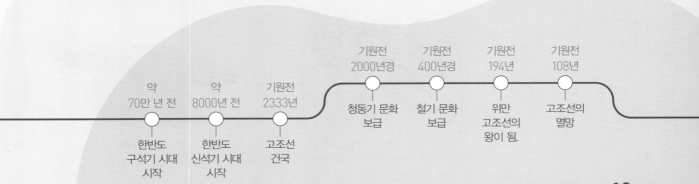

긴 역사를 가진 한반도 땅에
우리의 조상들은 언제 나타났을까요?

초기 인류는 도구의 발전과 함께 무리 지어 생활하고 농경 생활을 하면서 점차 사회 집단을 구성했어요. 그리고 청동기 문화를 바탕으로 한반도 최초의 국가인 고조선이 건국되었어요. 이후에 철기 문화가 보급되고 한반도에는 여러 세력들이 점차 국가의 모습으로 발전하였어요.

약
70만 년 전
한반도
구석기 시대
시작

약
8000년 전
한반도
신석기 시대
시작

기원전
2333년
고조선
건국

기원전
2000년경
청동기 문화
보급

기원전
400년경
철기 문화
보급

기원전
194년
위만
고조선의
왕이 됨.

기원전
108년
고조선의
멸망

그림 **연표**로 한눈에 보는
한국사

1. 선사 시대와 고조선

구석기 시대 ■ 약 70만 년 전

한반도의 구석기 시대 시작

구석기 시대 사람들은 돌을 깨뜨려 만든 뗀석기를 사용했어.

▲ 주먹도끼

▲ 신석기 시대 사람들이 사용한 빗살무늬 토기와 가락바퀴

고조선 건국 **(기원전 2333년)** 기원전 2000년 ~ 1500년경

청동기 문화 보급

▲ 고인돌   ▲ 비파형 동검

한반도에는 언제부터 사람이 살았는지, 처음 생긴 나라는 무엇인지 함께 살펴볼까?

▲ 불과 도구의 사용

▲ 구석기 시대 사람들이 동굴에 남긴 벽화

신석기 시대

약 8000년 전
한반도의 신석기 시대 시작

신석기 시대 사람들은 인류 최초로 농사를 지었어.

▲ 신석기 시대의 생활 모습

기원전 400년경
철기 문화 보급

기원전 194년
위만이 고조선의 왕이 됨.

기원전 108년
고조선 멸망

고조선 이외에도 한반도에는 여러 나라가 생겨나기 시작했어.

▲ 철제 도구의 사용

01 선사 시대와 역사 시대의 차이점은 무엇일까요?

참쌤 동영상

'선사(先史)시대'와 '역사(歷史)시대'라는 말을 들어봤니? 선사 시대는 '先(먼저 선)', '史(역사 사)'라는 한자를 쓰는데, '史'라는 한자에는 '기록하다'라는 뜻도 담겨 있어. 즉 글자를 사용해 당시 일어난 사실을 기록한 시기를 역사 시대, 글자로 기록을 남긴 시대보다 앞선 시기를 선사 시대로 구분할 수 있어.

선사 시대는 글자로 기록된 자료가 발견되지 않기 때문에 대신 옛날에 살던 사람들이 남긴 생활 흔적 등의 유적, 그들이 만들어 사용했던 도구와 같은 유물 등을 통해서 당시의 생활 모습을 살펴볼 수 있어.

한반도에서는 약 70만 년 전부터 돌을 이용해 도구를 만들어 사용했던 구석기 시대와 신석기 시대를 선사 시대라고 해. 당시 사람들이 남긴 주먹도끼나 빗살무늬 토기, 움집의 흔적 등을 보고 그들의 삶을 살펴볼 수 있단다.

역사 시대는 역사적 사료인 문서, 책, 일기, 비석과 같이 사람들이 글자를 사용해 남긴 기록을 살펴보며 그 당시 어떤 일이 일어났는지 짐작해 볼 수 있어.

> 과거에 일어났던 사실에 대한 기록으로 기록한 사람의 의견이나 생각이 들어있을 수도 있어.

현재까지 우리나라는 청동기 시대에 글자를 사용한 흔적이 발견되지 않았지만 이후 철기 시대부터는 글자를 사용했다고 해. 하지만 다른 나라의 역사를 보면 청동기 시대에 이미 글자를 사용한 흔적이 있었기 때문에 역사 시대의 시작은 청동시 시대부터라고도 할 수 있어.

선사 시대 사람들이 동굴 벽에 남겼던 그림에서도 당시 생활 모습을 살펴볼 수 있어.

- **유적(遺** 남을 유, **跡** 자취 **적)** 남아 있는 자취로, 건축물이나 싸움터 또는 역사적인 사건이 벌어졌던 곳을 말함.
- **유물(遺** 남을 유, **物** 물건 **물)** 앞선 시기에 살았던 인류가 다음 시기의 사람들에게 남긴 물건.

참쌤이 들려주는
역사 이야기 최초의 문자 '쐐기 문자'

오른쪽 사진에 나타난 점토판은 누군가 점토를 납작하게 만들어서 조각칼로 낙서를 한 것처럼 보이지만, 사실 세계 최초의 글자로 알려진 쐐기 문자(설형 문자)예요. 중국의 갑골 문, 이집트의 상형 문자보다 앞선 것으로 기원전 3000년 전부터 수메르 인들이 만들어 사용했어요. 이들은 왕의 명령을 전달하고, 세금의 액수를 기록하기 위하여 쐐기 문자를 사용했지요. 점토판에 갈대로 직접 글씨를 새겨 넣어 만든 쐐기 문자는 이후 여러 문자의 탄생에 영향을 주었어요.

▲ 세계 최초의 쐐기 문자

비주얼 씽킹! 선사 시대와 역사 시대

정답 195쪽

선사 시대

선사 시대는 글자를 사용해 기록을 남긴 시대보다 앞선 시기로 유적이나 (❶)을 통하여 당시 사람들의 생활 모습을 짐작해 볼 수 있어요.

역사 시대

역사 시대는 글자를 사용해 일어난 사실을 기록한 시기로 사람들이 남긴 (❷)을 해석하여 당시 사건이나 사람들의 생활 모습을 살펴볼 수 있어요.

초성 Quiz

1 (ㅅㅅ) 시대는 글자로 기록된 역사적 자료가 없다.
□상사 □선사

2 역사 시대는 글자로 남긴 (ㄱㄹ)을 통해 당시의 모습을 알 수 있다.
□가락 □기록

02 인류가 세상에 처음으로 등장한 때는 언제일까요?

참쌤 동영상

지구 상에 나타난 첫 번째 인류의 조상은 누구였을까? 1992년 에티오피아에서 화석으로 발견된 '아르디피테쿠스 라미두스'라는 이름의 인류는 무려 440만 년 전에 살았다고 해. 인류는 다른 동물들과 달리 두 발로 서서 걷고, 두 손으로 도구와 불을 사용하면서 오늘날 우리와 같은 모습으로 진화할 수 있었지.

오스트랄로피테쿠스 아파렌시스는 약 390만 년 전에 등장했어. 지금의 인류에 비하면 어리숙한 직립보행이지만 두 발로 걸을 수 있었고 최근에는 도구를 사용한 흔적들도 발견되고 있는 우리의 멀고 먼 조상님이지.

호모 에렉투스는 약 180만 년 전에 등장했어. 인류의 역사에서 중요한 사건 중 하나인 최초로 불을 이용한 인류란다. 불을 이용한 덕분에 추위와 짐승들의 공격으로부터 몸을 보호할 수 있었어.

약 600만 년 전 인류의 조상은 두 발로 걷기 시작하면서 유인원과 다르게 발달했어요.

약 40만 년 전에는 호모 네안데르탈렌시스가 등장했어. 이들은 오늘날과 비슷하게 죽은 사람의 주변에 꽃을 뿌리고 매장하는 장례 풍습을 남겼어.

약 20만 년 전에 아프리카에서 등장한 호모 사피엔스는 '슬기로운 사람'이라는 뜻으로 가장 진화한 인류라고 할 수 있어. 이들은 유럽과 아시아를 넘어 먼 아메리카 대륙까지 펴져 나갔으며 오늘날 인류의 직접적인 조상이야.

• **직립보행**(直 곧을 **직**, 立 설 **립**, 步 걸음 **보**, 行 다닐 **행**) 네 다리를 가진 동물이 뒷다리만을 사용하여 등을 꼿꼿하게 세우고 걷는 일.

• **매장**(埋 묻을 **매**, 葬 장사 지낼 **장**) 시체나 유골 등을 땅속에 묻음.

참쌤이 들려주는 역사 이야기 인류가 남긴 최초의 발자국

인류의 등장을 밝혀내기 위해 많은 사람들은 인간의 DNA를 조사하여 이동 경로를 연구하였어요. 그동안 많은 연구의 결과로 사람들은 아프리카에서 인류의 역사가 시작됐다고 생각했지요.

하지만 유럽 남쪽의 그리스에 위치한 한 섬에서 원시 인류와 인간의 발바닥 특징을 가진 570만 년 전 발자국 화석이 발견되었어요. 이 화석의 발견으로 당시 아프리카와 가까웠던 유럽 대륙에서도 같은 시기에 또 다른 원시 인류가 살고 있었다는 의견이 나타나게 되었어요.

비주얼 씽킹 세상에 모습을 나타낸 인류의 진화

정답 195쪽

1. 오스트랄로피테쿠스 아파렌시스

약 390만 년 전에 등장하였으며, 오늘날 사람과 같이 (❶   )을 한 인류예요.

2. 호모 에렉투스

와 따뜻해~!

약 180만 년 전에 등장하였으며 도구를 사용하고 최초로 (❷   )을 이용했어요.

3. 호모 네안데르탈렌시스

약 40만 년 전에 등장하였으며 사람이 죽으면 꽃을 뿌리고 땅에 묻어주는 (❸   ) 풍습이 있었어요.

4. 호모 사피엔스

약 20만 년 전에 등장한 호모 사피엔스는 다양한 도구를 사용했으며, 아프리카에서 세계 여러 곳으로 퍼져 나갔어요.

초성 Quiz

1 오스트랄로피테쿠스 아파렌시스는 오늘날 사람처럼 (ㄷㅂ)로 걸을 수 있었다.

☐ 두부   ☐ 두 발

2 호모 에렉투스는 인류 최초로 (ㅂ)을 이용했다.

☐ 불   ☐ 발

03 도구와 불을 사용한 인류는 어떻게 생활했을까요?

참쌤 동영상

아주 먼 옛날 인간의 조상들은 다른 동물들에 비해 매우 약했어. 치타처럼 빨리 달릴 수 없었고, 독수리처럼 날카로운 발톱도 가지고 있지 않았지.

그러나 인간은 주변에서 구할 수 있는 나뭇가지나 돌을 사용한 것을 시작으로 약 250만 년 전부터 돌을 이용해 도구를 만들었어. 돌로 만든 도구로 사냥을 하여 음식을 얻고 사나운 짐승의 °위협으로부터 몸을 보호할 수 있었단다.

인간이 돌을 깨뜨리거나 떼어서 만든 °뗀석기를 사용한 시대를 바로 구석기 시대라고 해. 구석기 시대에는 주먹도끼, 찍개, 슴베찌르개 등 다양한 쓰임새의 도구가 사용되었고, 더불어 짐승의 뼈나 뿔을 이용한 도구도 만들었어.

나무에 묶어서 창처럼 사용했어.

▲ 주먹도끼   ▲ 찍개   ▲ 슴베찌르개

- **위협**(威 힘 **위**, 脅 위협할 **협**) 힘으로 으르고 협박함.
- **뗀석기** 돌을 깨뜨려서 만든 도구.

또한 구석기인들은 불을 이용하면서 추위로부터 몸을 보호하고 사나운 짐승의 공격을 피할 수 있었어. 그리고 불을 이용해 날고기와 질긴 식물을 익혀 먹었지. 이들은 무리를 지어 이동 생활을 하며 먹을거리를 구하고 동굴에서 생활하면서 동굴의 벽에 다양한 그림을 남기기도 했어.

사냥감을 많이 잡기를 바라며 동물의 모습이나 사냥하는 그림을 남겼어.

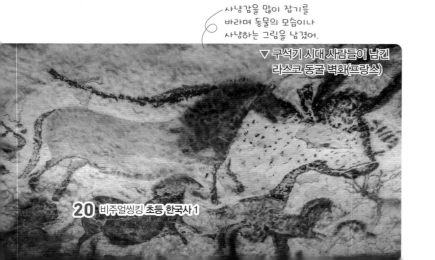
▽ 구석기 시대 사람들이 남긴 라스코 동굴 벽화(프랑스)

참쌤이 들려주는
역사 이야기 인간의 진화와 뇌 크기

오스트랄로피테쿠스 아파렌시스의 뇌의 크기는 400~700cc 정도였다고 해요. 우리가 마시는 우유가 보통 200cc이니 뇌의 크기를 짐작할 수 있겠죠? 180만 년 전 호모 에렉투스의 뇌의 크기는 약 800~1,400cc였어요. 오스트랄로피테쿠스 아파렌시스와 비교하면 2배나 더 커진 셈이에요. 호모 네안데르탈렌시스는 1,300~1,600cc, 호모 사피엔스는 1,400~1,800cc로 시간이 흐르고 인류가 진화하면서 뇌의 크기도 함께 커졌다는 걸 알 수 있어요.

구석기 시대의 도구의 사용과 불의 이용

정답 195쪽

돌로 만든 도구의 사용

구석기 시대 사람들은 주변에서 구할 수 있는 돌을 깨뜨리거나 떼어내는 등 여러 가지 방법을 이용하여 주먹도끼, 찍개, 밀개, 슴베찌르개 등의 다양한 쓰임새를 가진 (❶   )를 만들어 사용했어요.

불의 발견과 이용

구석기 시대 사람들은 불을 이용하여 (❷   )를 이겨 내고, 사나운 짐승의 접근을 막을 수 있었으며 음식을 익혀 먹을 수 있게 되었어요.

초성 Quiz

1 구석기 시대 사람들은 돌을 깨뜨려 만든 (ㄷㄱ)를 사용하였다.
☐ 도구　　　☐ 당근

2 (ㅂ)을 이용하여 추위를 이겨 내고, 음식을 익혀 먹을 수 있게 되었다.
☐ 불　　　☐ 발

04 한반도의 구석기인들은 어떻게 생활했을까요?

한반도에서도 약 70만 년 전부터 사람들이 뗀석기를 사용한 구석기 시대가 시작되었어. 평안남도 덕천, 평양 만달리, 상원 검은모루동굴, 충북 단양 금굴 등은 한반도 구석기 시대의 대표적인 유적지야.

당시 사람들은 주변에서 열매를 따고 식물의 뿌리를 캐는 등 채집 생활을 주로 했고, 하천에서 고기잡이를 하거나 함께 힘을 합쳐 동물을 사냥하기도 했어.

또한 추위로부터 몸을 보호하고 동물의 공격을 피할 수 있는 동굴이나 바위 그늘에 무리 지어 살았고, 나뭇가지로 지은 막집에서 잠을 자기도 했어. 이들은 동굴에서 생활하며 돌을 깨뜨려 도구를 만들고 불을 피워 보관하는 일들을 했을 거야.

주먹도끼, 외날찍개, 긁개, 밀개 등의 뗀석기

그리고 주변에서 구할 수 있는 먹을거리가 떨어지면 먹을거리를 찾아 이동하는 생활을 했어.

구석기인들은 주로 동굴에서 생활해서 한반도 구석기 유적지는 동굴이 매우 많아.

▪ **한반도** 삼면이 바다로 둘러싸여 있고 한 면은 대륙과 연결된 우리나라 사람들이 생활하는 국토.

▪ **채집** 널리 찾아서 얻거나 캐고 모으는 일.

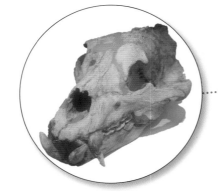

▲ 구석기 시대 유적지에서 발견된 짐승 뼈(충북 청주)

• 구석기 유적

종성
웅기
백두산
덕천
상원
동 해
연천
파주
제천
황 해
청주 단양
공주
밀양
순천
제주

▲ 한반도의 구석기 시대 유적지

▲ 충북 단양 금굴 유적지

참쌤이 들려주는

역사 이야기 흥수아이

먼 옛날 구석기 시대의 어느 날, 동굴에 살던 어린 아이가 세상을 떠났어요. 가족들은 동굴 속에 아이를 묻어 주고, 더 좋은 곳으로 가기를 바라며 아이 주변에 꽃을 놓아 둔 뒤 고운 흙가루를 뿌렸어요.

이 아이의 유골은 충북 청주시 두루봉 동굴에서 발견되었는데, 처음 발견한 사람의 이름을 따서 흥수아이라고 불려요. 흥수아이는 인류의 조상인 호모 사피엔스로 5~8세의 나이일 것으로 짐작돼요. 흥수아이를 처음 발견했을 때 국화꽃 화석이 함께 나왔어요. 흥수아이를 보면 선사 시대에도 죽은 사람을 매장하는 풍습이 있었다는 것을 알 수 있어요.

한반도의 구석기 시대

정답 195쪽

구석기 시대의 생활 모습

구석기인들은 식물의 열매나 뿌리를 캐는 채집 생활을 하였고, 여러 사람이 힘을 합쳐 짐승을 사냥하기도 했어요. 또한 추위로부터 몸을 보호하고 짐승의 공격을 피하기 위해서 (❶　　　)이나 바위 그늘에서 지냈어요.

뗀석기의 모양과 쓰임새

외날찍개
동물의 뼈를 찍거나 거친 나무를 다듬는 데 쓰여요.

긁개
동물의 가죽에 붙은 살을 긁어내거나 나무 껍질을 벗기는 데 쓰여요.

밀개
옷을 만들기 위한 가죽을 가공하는 데 쓰여요.

한반도의 구석기 시대 유적지에서는 주먹도끼뿐만 아니라 외날찍개, 긁개, 밀개 등 다양한 쓰임새를 가진 (❷　　　)가 발견되었어요.

초성 Quiz

1 우리나라의 구석기 시대 유적지는 주로 (ㄷㄱ)이 많다.
□ 동굴　　　　　□ 단감

2 구석기 시대의 대표적인 뗀석기로 주먹도끼, 긁개, (ㅁㄱ) 등이 있다.
□ 물개　　　　　□ 밀개

신석기 시대의 생활 모습은 어떻게 변화했을까요?

참쌤 동영상

지금으로부터 약 1만 년 전, 무려 10만 년 동안이나 추운 기후가 계속되었던 빙하기가 끝나고 오늘날과 같이 날씨가 따뜻해지면서 땅에서는 여러 가지 식물들이 자라고, 불어난 물에는 물고기들이 넘쳐나기 시작했어.

이때부터 사람들은 정교하게 돌을 갈아 간석기를 만들어 사냥과 고기잡이를 했어. 그리고 흙을 빚어 토기를 만들어 사용했지. 이 시기를 신석기 시대라고 해.

기후가 변하자 사람들은 이곳저곳을 더 이상 옮겨 다니지 않고, 먹을거리를 구하기 쉬운 강가나 해안가에 움집을 짓고 농사를 지으며 정착 생활을 하기 시작했어. 사람들은 처음에는 씨족끼리 모여 살았는데 점점 다른 씨족과 교류를 하며 부족 공동체로 발전하였어.

신석기 시대 사람들은 열매를 따고 먹을거리를 채집하는 활동도 계속하였어.

신석기 시대에 사람들은 처음으로 농사를 짓기 시작했어. 주로 조, 수수 등을 재배하였고, 가축도 기르게 되었단다. 사람들의 도구를 만드는 기술도 점점 발달하여 동물의 가죽을 다듬고 실을 만들어 옷감을 짜기도 했지. 또한 여러 가지 의미를 담은 물건으로 몸을 치장하기도 했어. ⌇ 조개나 동물의 뼈, 이빨 등을 장신구로 이용했어.

● **빙하기(氷** 얼음 **빙, 河** 물 **하, 期** 시기 **기)** 전 세계적으로 기후가 차가워져 중위도 지역까지 빙하가 존재하였던 시기.
● **움집** 땅을 파서 바닥을 다지고 그 위로 나무를 대어 지붕을 올린 반 지하 형태의 집.

▲ 신석기 시대 사람들이 만든 조개껍데기 가면

 참쌤이 들려주는

역사 이야기 몸을 치장하기 시작한 신석기 시대 사람들

우리의 조상들도 아름다움의 의미를 알고 있었을까요? 한반도에 살았던 신석기 시대 사람들은 조개껍데기로 만든 가면이나 팔찌, 목걸이, 짐승의 송곳니로 만든 발찌 등을 이용해 몸을 치장했어요. 당시 신석기인들은 자신들의 생활에 영향을 주는 구름, 해, 비 등 자연환경에 영혼이 있다고 생각하거나 짐승이나 식물을 숭배하기도 했어요. 그래서 여러 가지 장신구에는 아름답게 보이기 위해서 뿐만 아니라 더 많은 고기나 곡식을 얻기를 바라는 부적의 의미를 담기도 했어요.

 비주얼 씽킹 ## 신석기 시대 생활 모습

정답 195쪽

기후의 변화

약 1만 년 전에 (❶   )가 끝나고 기후가 따뜻해지면서 식물들이 잘 자라고, 다양한 생물들이 살게 되었어요.

최초의 농업 활동

신석기 시대 사람들은 (❷   )를 짓기 시작하여 조, 수수 등을 수확하였고, 가축도 기르게 되었어요.

정착 생활의 시작

사람들은 더 이상 이동 생활을 하지 않고 강가나 해안가에 (❸   )을 짓고 모여 살며 마을을 이루게 되었어요.

초성 Quiz

1 (ㅂㅎㄱ)가 끝나고 날씨가 따뜻해지면서 먹을거리가 풍부해졌다.

☐ 빙하기   ☐ 비행기

2 신석기 시대에 들어서 사람들은 처음으로 (ㄴㅅ)를 짓기 시작했다.

☐ 나사   ☐ 농사

06 한반도의 신석기인들은 어떻게 생활했을까요?

참쌤 동영상

한반도에서도 기원전 8000년 무렵부터 간석기와 토기를 사용하는 신석기 시대가 시작되었어. 우리나라의 신석기 시대 유적지는 주로 강가나 바닷가에 있어. 제주 한경 고산리, 강원 양양 오산리, 서울 강동 암사동 등이 대표적인 신석기 시대 유적지야.

한반도에서는 다양한 신석기 시대의 유물이 출토되었어. 당시 사람들은 고기잡이, 채집, 사냥 등을 하면서 생활하다가 농사를 짓고 가축을 기르게 되었어.

▲ 한반도의 신석기 시대 유적지

한반도 신석기 시대의 시작은 기원전 8000년부터 6000년 무렵 등 다양한 의견이 있어.

▲ 돌보습

▲ 갈판과 갈돌
곡식이나 열매를 가는 데 사용했어.

▲ 빗살무늬 토기

신석기 시대 유적지에서는 돌보습, 돌괭이, 갈판과 갈돌 등의 간석기와 불에 탄 좁쌀 등이 발견되어 당시 사람들이 농사를 지었음을 알 수 있었어.

또한 곡식을 저장하거나 음식을 조리하기 위해 토기를 만들었어. 토기에 빗살무늬를 넣은 빗살무늬 토기가 신석기 시대의 대표적인 토기야.

▲ 가락바퀴

그리고 신석기인들은 가락바퀴나 뼈바늘을 이용하여 실을 뽑고 옷감을 만들거나 돌그물추를 매달은 그물을 만들어 고기잡이를 했지. 당시 사람들은 여러 곳에 움집을 짓고 모여 살며 마을을 이루었어.

♥ **출토**(出 날 **출**, 土 흙 **토**) 땅속에 묻혀 있던 물건이 밖으로 나오거나 또는 그것을 파냄.
♥ **조리** 요리를 만듦.

참쌤이 들려주는 역사 이야기 암사동 선사 유적지

서울 강동 암사동 선사 유적지는 우리나라에서 발견된 신석기 시대 유적지 중 가장 큰 주거지 유적이에요. 1925년에 일어난 큰 홍수로 한강이 넘쳐 강 주변의 모래 언덕이 무너지면서 여기에서 수많은 빗살무늬 토기 조각이 발견되었어요. 이곳에서는 삼국 시대 백제의 건물 흔적이 발견되었고 그보다 낮은 땅에서는 빗살무늬 토기, 반달돌칼 등 신석기 시대의 유적지 흔적도 발견되었어요. 그래서 아주 먼 옛날부터 이곳에서 사람들이 생활하였다는 것을 알 수 있어요.

비주얼 씽킹 한반도의 신석기 시대

정답 195쪽

농업과 관련된 도구의 사용

돌을 갈아 만든 돌괭이, 돌보습 등의 (❶   )는 농사를 짓는 데 쓰였어요.

갈판 위에 수확한 곡식이나 열매를 놓고, 갈돌로 갈아 가루로 만들었고 흙으로 빚어 만든 (❷   ) 토기에 음식을 담았어요.

다양한 도구의 발달

(❸   )의 가운데 구멍에 막대를 끼우고 회전시켜 실을 꼬았고, 그물에 돌그물추를 매달아 고기잡이를 했어요.

초성 Quiz

1 (ㅂㅅ)무늬 토기에 곡식을 담고 음식을 조리했다.

☐ 볼살   ☐ 빗살

2 신석기 시대 사람들은 (ㅇㅈ)을 짓고, 마을을 이루어 살았다.

☐ 움집   ☐ 엔진

07 청동기와 고인돌을 만든 사람은 누구일까요?

참쌤 동영상

기원전 2000년에서 1500년 무렵 만주와 한반도 지역에서는 청동기 문화가 발달하였어. 사람들은 구리에 주석이라는 광물을 섞고 불에 녹여 청동을 만들었어. 청동은 만들기 어렵고 재료가 귀해서 주로 거울, 방울, 검과 같이 하늘에 제사를 지내는 도구나 지배자의 검, 장신구 등으로 쓰였어. 그래서 청동기 시대 사람들은 농사를 지을 때에는 여전히 신석기 시대와 같이 돌이나 나무로 만든 농사 도구를 사용했단다.

▲ 비파형 동검

청동기 시대 대표적인 유물로는 곡식을 자르는데 사용한 반달돌칼, 바닥이 편평한 민무늬 토기, 청동으로 만든 동검, 청동 방울, 청동 거울 등이 있어.

▲ 청동 방울

청동기 시대에 등장한 지배자는 제사를 주관하고 부족을 다스렸던 군장이야.

고인돌은 청동기 시대에 큰 돌을 쌓아 만든 무덤이야. 청동기 시대에는 농업이 크게 발달하고 수확량이 늘어나면서 개인이 가진 재산이 차이가 나기 시작했어. 모두 평등했던 이전과 달리 청동기 시대에는 지배자와 지배를 받는 사람들이 생겨났지. 커다란 고인돌은 이때 힘을 가졌던 지배자인 군장의 무덤이라고 짐작하고 있어. 왜냐하면 기술과 도구가 발달하지 않았던 시대에 큰 규모의 고인돌은 아무나 만들 수 없었기 때문이지. 청동기 시대에 부족은 지배자를 중심으로 세력을 키우고 주변의 약한 부족을 정복하여 지배하기도 하였어.

▼ 제사(祭 제사 제, 祀 제사 사) 신령이나 죽은 사람의 넋에게 음식을 바치어 정성을 나타내는 의식.
▼ 장신구 몸치장을 하는데 쓰는 물건으로 반지, 귀고리, 목걸이, 팔찌 등.

◀ 청동기 시대 고인돌을 만드는 모습

참쌤이 들려주는
역사 이야기 청동기의 제작

청동은 재료가 귀하고 만들기가 어려워 주로 검이나 제사 도구, 장신구 등으로 만들어 사용했어요. 청동기 시대 사람들은 어떻게 청동으로 검을 만들었을까요? 먼저 부드러운 돌을 깎아서 검 모양의 거푸집을 만들어요. 거푸집을 끈으로 단단히 묶은 뒤, 구리에 주석을 녹여 만든 청동 쇳물을 부었어요. 거푸집에 부어진 청동 쇳물이 식으면 거푸집과 청동검을 분리해서 꺼내요.
그리고 숫돌에 청동검을 갈아 거친 부분을 다듬고 날을 세우면 멋진 청동검이 완성된답니다.

비주얼 씽킹 청동기의 등장과 사회 변화

정답 19쪽

청동기의 사용

구리에 주석을 섞어서 불에 녹인 (❶   )을 사용해 도구를 만들었어요. 청동기는 만들기 어렵고 귀해서 주로 (❷   )를 지내는 도구나 지배자의 검, 장신구 등으로 쓰였어요.

지위와 계급의 발생

농업이 크게 발전하고 수확할 수 있는 곡식의 양이 늘어나면서 (❸   )을 많이 가진 사람들과 그렇지 않은 사람들 사이에 지배자와 이들의 지배를 받는 사람들이 생겨났어요.

군장을 중심으로 한 부족 사회

사람들은 제사를 주관하고 부족을 다스리는 지배자인 (❹   )을 중심으로 생활하였고 다른 부족 사람들과 싸우는 일도 나타났어요.

초성 Quiz

1 청동기는 구리에 (ㅈㅅ)을 섞고 불에 녹여 만든다.
  □자석   □주석

2 청동기 시대 고인돌은 지배자의 (ㅁㄷ)으로 짐작된다.
  □무덤   □메달

고조선의 단군왕검 이야기는 정말 사실일까요?

참쌤 동영상

쑥과 마늘을 먹으며 동굴 생활을 견딘 곰이 여자로 변해서 환인의 아들 환웅과 결혼하고 고조선을 세운 단군왕검을 낳았다는 이야기가 정말 사실일까?

단군왕검의 건국 이야기

널리 인간을 이롭게 한다는 '홍익인간' 정신이 담겨 있어.

하늘을 다스리는 환인에게 환웅이라는 아들이 있었다. 환웅은 인간 세상을 다스리고 싶었다. 환인은 아들의 뜻을 알고 먼저 태백산을 내려다보니 널리 인간을 이롭게 할 만하였다. 그리하여 아들 환웅은 바람, 비, 구름을 다스리는 신하와 무리 3,000여 명을 이끌고 태백산 꼭대기의 신단수 아래로 내려와 인간 세상을 다스렸다. 이때 곰 한 마리와 호랑이 한 마리가 환웅을 찾아와 사람되기를 소원하여 환웅은 곰과 호랑이에게 쑥과 마늘을 주며 말했다.

"이것을 먹고 백일 동안 햇빛을 보지 않으면 사람이 될 것이다."

곰은 잘 참아 여자가 되어 환웅과 결혼하고 아들을 낳게 되니 이 아들이 바로 단군왕검이다. 단군왕검은 아사달에 도읍을 정하고 나라를 세워 조선이라 하였다.

『삼국유사』 중

▲ 단군왕검 이야기가 담긴 『삼국유사』

'단군'은 하늘에 제사를 지내는 제사장을 '왕검'은 나라를 이끄는 정치 지도자를 말해.

단순히 단군왕검 신화를 지어낸 이야기라고 하기 전에 그 속에 담긴 뜻을 알면 고조선이 세워진 당시 생활 모습을 살펴볼 수 있어.

환인의 아들인 환웅이 하늘에서 내려왔다는 것은 고조선의 지배자가 하늘로부터 온 자손임을 내세워 뛰어난 존재임을 강조한 것이지. 환웅이 거느린 바람, 비, 구름을 다스리는 신하는 농사에 중요한 날씨와 관련된 것으로, 당시 사람들이 농사를 중요하게 여긴 것을 알 수 있어. 곰과 호랑이 중 곰이 사람으로 변한 뒤 환웅과 결혼하였다는 것은 곰을 섬기는 집단과 환웅 집단이 결합하였고, 호랑이를 섬기는 집단은 떨어져 나갔다고 짐작할 수 있단다.

못살겠다. 나갈 거야!

♥ **건국** 나라가 세워짐. 또는 나라를 세움.
♥ **신화(神** 신 **신, 話** 이야기 **화)** 예부터 전해내려 오는 한 민족이나 집단의 생각이 담겨 역사나 역사적 이야기를 담고 있는 신성한 이야기.

역사 이야기 고조선과 조선

기원전 2333년에 단군왕검은 한반도에 나라를 세우고 나라 이름을 '조선'이라
고 지었어요. 하지만 우리는 왜 단군왕검이 세운 나라인 조선을 '고조선'이라고
부를까요? 이유는 바로 훗날 1392년에 이성계가 고려를 멸망시키고 세운 나
라인 '조선'과 구분하기 위해서예요.
단군왕검이 세운 조선의 앞에 '오래된'이라는 뜻을 가진 한자인 '옛 고(古)'자를
붙여 이성계가 세운 조선과 단군왕검이 세운 고조선을 구분한 거죠.

비주얼 씽킹! 단군왕검의 건국 이야기

정답 195쪽

단군왕검의 뜻

'단군'은 하늘에 제사를 지내는 제사장을 말
하고, '왕검'은 나라를 이끄는 (❶   )
지도자를 말해요.

웅녀는 정말 곰이었을까?

곰이 사람이 되어 환웅과 결혼했다는 것은
(❷   )을 숭배하는 집단이 환웅이 이
끈 집단과 합쳐졌음을 뜻해요.

하늘로부터 내려온 인물들

바람, 비, 구름은 농사를 짓는 데 매우 중요
한 역할을 해요. 환웅이 이를 다스리는 신
하들을 이끌고 왔다는 것은 그 당시 사회가
(❸   )를 매우 중요하게 생각했음을
알 수 있어요.

홍익인간 정신

환웅은 널리 인간을 이롭게
한다는 의미의 홍익인간
정신을 나라를 다스리는
근본으로 삼았다고 해요.

초성 Quiz

1 우리나라 최초의 국가인 (ㄱㅈㅅ)을 건
국한 사람은 단군왕검이다.

☐ 고조선   ☐ 검정색

2 환웅은 곰과 호랑이에게 마늘과 쑥을 주
며 (ㅅㄹ)이 되는 방법을 알려 주었다.

☐ 순록   ☐ 사람

고조선은 어떤 모습으로 발전했을까요?

참쌤 동영상

청동기 문화가 발달한 한반도와 오늘날 중국의 만주 지방에는 강력한 군장 세력이 주변 지역을 통합하면서 우리나라 최초의 국가인 고조선이 세워졌어. 일연 스님이 쓴 『삼국유사』에 따르면 기원전 2333년에 단군왕검이 고조선(조선)을 건국했다고 해.

고조선은 비파형 동검과 탁자식 고인돌 등 다른 곳에서는 나타나지 않는 청동기 문화를 발전시켰고, 이후 철기 문화를 바탕으로 강력한 세력으로 성장하였어. 기원전 2세기 초에는 중국에서 고조선으로 건너온 위만이 준왕을 몰아내고 왕위를 차지해 새로운 고조선의 왕이 되었어. 이후 고조선은 더욱 발달한 철기 문화를 바탕으로 주변 나라를 정복하고, 농업 생산력이 늘어나면서 나라가 발전하게 되지. 하지만 기원전 2세기 말에 한이 대규모 군대를 동원하여 고조선을 공격하였어. 고조선은 끈질기게 저항했지만 전쟁이 길어지면서 일부 고조선인들은 한반도의 남부 지역으로 흩어졌어. 그리고 마침내 수도인 왕검성이 함락되어 우리나라 최초의 국가인 고조선은 멸망하게 되었지. 기원전 108년

고조선 초기에는 비파형 동검이 주를 이뤘지만 후기에는 세형 동검이 주로 만들어졌어.

고조선이 발전하고 멸망하는 과정에서 한반도에는 삼한 세력과 고구려, 옥저, 동예 등의 여러 나라가 나타나기 시작했어.

▶ **군장(君** 임금 **군, 長** 장 **장)** 원시 시대의 부족이나 세력의 우두머리.

▶ **함락(陷** 무너질 **함, 落** 떨어질 **락)** 요새나 성, 군대의 진지 등이 공격을 받아 무너짐.

▲ 탁자식 고인돌

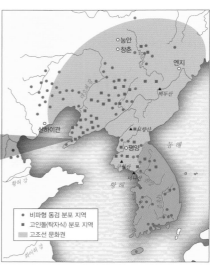

● 비파형 동검 분포 지역
□ 고인돌(탁자식) 분포 지역
▒ 고조선 문화권

▲ 고조선의 문화권

 참쌤이 들려주는

역사 **이야기** 고조선으로 건너온 위만

위만은 기원전 2세기 초에 중국의 혼란을 피해 무리를 이끌고 고조선으로 건너왔다고 해요. 이때 위만은 상투를 틀고 고조선의 옷을 입었다고 전해져요. 고조선의 서북 지역을 지키던 일을 하던 위만은 준왕을 몰아내고 왕의 자리에 올랐어요. 그러나 '조선'이라는 나라 이름을 그대로 사용하고, 고조선 사람에게 여러 관직을 맡게 하였어요. 그래서 위만이 한반도에 살던 고조선 사람이거나 중국 변방에 살며 고조선의 영향을 받은 사람이라고 보는 의견도 있어요.

비주얼 씽킹!

고조선의 건국과 발전

정답 195쪽

1. 고조선의 건국

나라 이름을 조선이라 한다!

기원전 **2333**년

(❶   )은 기원전 2333년에 아사달에 도읍을 정하고 고조선을 건국하였어요.

2. 독자적 문화와 세력 확장

비파형 동검, 탁자식 고인돌

고조선은 독자적인 청동기 문화를 발전시켰고, 이후 (❷   )를 바탕으로 강력한 세력으로 성장하였어요.

3. 왕위를 빼앗은 위만

준왕 위만

중국으로부터 건너 온 (❸   )은 준왕을 몰아내고 새로운 왕이 되었어요. 이후 고조선은 철기 문화를 바탕으로 주변 나라를 정복하고 농업 생산량이 크게 늘어났어요.

4. 고조선의 멸망

한나라 쾅!

왕검성

기원전 108년, 고조선은 한의 공격에 저항하다 수도인 (❹   )이 함락되어 결국 멸망하게 되었어요.

초성 Quiz

1 (ㅇㅇ) 스님이 쓴 『삼국유사』에 따르면 고조선은 기원전 2333년에 건국되었다.
☐ 일연   ☐ 야옹

2 (ㅇㅁ)이 고조선의 왕이 된 후, 고조선은 철기 문화가 발전하고 더욱 세력이 강해졌다.
☐ 오만   ☐ 위만

10 고조선 사람들은 어떻게 살았을까요?

참쌤 동영상

고조선은 당시 사회 질서를 유지하기 위해 법을 만들어 따르도록 했다고 해.

고조선의 법 조항

첫째, 사람을 죽인 자는 사형에 처한다.

둘째, 남에게 상처를 입힌 자는 곡식으로 갚는다.

셋째, 도둑질한 자는 도둑맞은 집의 노비로 삼는다. 용서를 받으려면 50만 전을 내야 한다.

고조선에서는 사회 질서 유지를 위한 8개 조항의 법이 있었는데 현재는 3개 조항만 전해지고 있어!

고조선의 법을 살펴보면 고조선 사회는 생명을 중요하게 여겼고 죄를 지은 사람에게 강하게 죄를 물어서 사회 질서와 지배의 틀을 유지했어. 또 개인이 재산을 가질 수 있었으며, 노비를 삼는다는 조항을 통해 신분 사회였다는 것을 알 수 있어.

고조선은 『삼국유사』에 따르면 기원전 2333년에 세워졌다고 하니 2천 년이 넘는 긴 역사를 가지고 있어. 오랜 기간 동안 고조선은 독자적인 청동기 문화와 철기 문화를 발전시켰어. 철제 농기구와 철제 무기 사용으로 농업이 발달하고, 전쟁을 통해 주변 지역을 정복할 수 있었어. 또한 고조선은 중국과 여러 세력을 연결하는 중계 무역으로 많은 이익을 얻기도 했어.

▲ 한반도에서 발견된 중국의 한에서 사용한 화폐 '오수전'

고조선과 중국이 서로 무역을 했음을 보여 주는 증거야.

▲ 고조선 문화권에서 발견된 미송리식 토기

고조선 사람들은 민무늬 토기에 곡식이나 음식을 저장하였고, 옷은 삼베, 동물 털, 비단으로 만들어 입었어. 대부분의 사람은 짚신을 신었는데 신분이 높은 사람들은 가죽신을 만들어 신었단다. 집도 기존의 움집과는 다른 땅 위로 올려 지은 움집에서 살았어.

● **노비**(奴 종 노, 婢 여자 종 비) 남에게 얽매여 천한 일을 하는 사람.

● **중계 무역** 다른 나라에서 들여온 물자를 또 다른 나라에 되파는 형식의 무역.

참쌤이 들려주는
역사 이야기 농경문 청동기에 담긴 사람들의 생활 모습

농경문 청동기는 따비로 땅을 가는 모습, 토기에 곡식을 담는 모습, 괭이 질하는 모습 등이 새겨진 청동판으로 청동기 시대에 한반도 사람들이 어떻게 살았는지 살펴볼 수 있는 중요한 자료예요.

▲ 농경문 청동기

비주얼 씽킹
고조선의 법과 생활 모습

정답 195쪽

고조선의 법 조항

'사람을 죽인 자는 사형에 처한다.'

'남에게 상처를 입힌 자는 곡식으로 갚는다.'

'도둑질을 한 자는 노비로 삼는데 용서를 받으려면 50만 전을 내야 한다.'

(❶   )을 중요하게 여겼고, 강력한 권력으로 형벌을 가할 수 있는 사회였어요.

농경 사회이며, 개인이 (❷   )을 가질 수 있었어요.

노비 제도가 있는 신분 사회였어요.

고조선 사람들의 생활 모습

삼베, 동물 털, 비단으로 옷을 만들어 입고, 신분이 높은 사람들은 가죽신을 만들어 신기도 했어요. 곡식이나 음식을 다양한 모양의 (❸   ) 토기에 담아 보관했어요. 집 짓는 기술도 발달하여 땅 위로 올려 지은 움집을 짓고 살았어요.

초성 Quiz

1 고조선의 8개 (ㅂ) 조항 중 3개 조항만 지금까지 전해지고 있다.
☐ 법   ☐ 밥

2 곡식이나 음식을 다양한 모양의 (ㅁㅁㄴ) 토기에 담아 사용하였다.
☐ 민무늬   ☐ 물무늬

11 철제 도구의 사용으로 나타난 변화는 무엇일까요?

참쌤 동영상

한반도에 청동기 문화가 보급되었지만 농사를 지을 때에는 여전히 돌과 나무로 만든 농기구를 사용했어. 또한 청동은 단단하지 않아 전쟁을 하는 데 필요한 강력한 무기를 만들 수 없었어. 이때 새롭게 발견한 금속인 철은 청동보다 훨씬 단단하고 구하기도 쉬웠어. 점차 철을 다루는 기술이 보급되면서 사람들은 용도에 따라 다양한 철제 도구를 만들 수 있었단다.

철로 만든 단단하고 날카로운 농사 도구 덕분에 밭을 갈거나 땅을 파는 일, 곡식을 수확하는 일이 전보다 쉬워졌어. 그래서 한반도에 철기 문화가 널리 퍼지자 농업 생산량이 늘어나고 한 사람이 농사지을 수 있는 밭의 크기도 넓어졌어.

또한 날카롭고 단단한 철제 무기를 사용하는 세력은 청동 무기를 사용하는 세력과의 전쟁에서 승리하여 더 넓은 지역을 정복하고 강력한 집단으로 성장할 수 있었어. 이후 여러 세력들은 철제 무기를 바탕으로 전쟁을 치르고 영토를 넓히며 국가의 모습으로 거듭나기도 했어.

🔹 **보급** 널리 퍼져 많은 사람들에게 골고루 누리게 함.
🔹 **수확** 재배하여 익은 곡식이나 과실 등을 거두어들이는 일.
🔹 **정복(征** 칠 **정, 服** 옷 **복)** 다른 나라나 민족의 땅을 정벌하여 복종시킴.

철은 쉽게 녹슨다는 단점이 있었지만 청동기보다 훨씬 단단하고 다양한 도구를 만들어 사용하기 좋았어.

▲ 다양한 철제 무기와 농기구

참쌤이 들려주는

역사 이야기 철을 청동보다 늦게 사용한 이유

철은 청동보다 단단하고, 매장량도 많았으며 다양한 모양의 도구를 만들 수 있었어요. 그럼에도 철은 청동보다 녹는점이 높았기 때문에 낮은 온도로 녹여 도구를 만들 수 있는 청동을 먼저 사용한 거예요.

이후 철을 다루는 기술이 발달하면서 비교적 주변에서 구하기 쉬운 철을 이용하여 무기, 농기구 등 다양한 철제 도구를 만들 수 있었어요. 철은 청동을 밀어내고 인류의 발전을 앞당긴 금속으로 오늘날까지 여러 곳에 널리 사용되고 있어요.

▲ 철제 도구를 만드는 재료가 되었던 적철석

비주얼 씽킹

철기 문화의 보급

정답 195쪽

철로 만든 농기구의 사용

청동기 시대에는 여전히 농사를 지을 때 (❶   )과 나무로 만든 농기구를 주로 사용했어요.

철기 문화의 발달로 철을 이용해 다양한 농기구를 만들어 사용하면서 농업 (❷   )이 크게 늘어났어요.

전쟁을 통한 세력 확장

철을 이용해 단단하고 날카로운 무기를 만들 수 있게 되면서, 청동기 문화 세력을 물리치고 (❸   )에서 쉽게 승리할 수 있었어요. 또한 철제 무기의 사용으로 세력 간의 정복 활동이 늘어나면서 국가의 모습이 나타나기 시작했어요.

초성 Quiz

1 (ㅊ)로 만든 농기구를 사용하면서 예전에 비해 농업 생산량이 늘어났다.
☐ 철   ☐ 차

2 철제 무기를 사용하면서 (ㅈㅈ)에서 쉽게 이길 수 있었고 세력을 넓힐 수 있었다.
☐ 전쟁   ☐ 지진

12 철기 문화를 바탕으로 나타난 여러 나라들은 어디일까요?

참쌤 동영상

부여의 마가, 우가, 저가, 구가 등의 대가는 각각 말, 소, 돼지, 개 등 가축에서 이름을 따왔어.

　고조선이 세력을 떨치던 시기에 한반도 주변에는 철기 문화를 바탕으로 여러 나라가 나타났단다. 만주와 한반도 북쪽에는 부여와 고구려가 세워졌어. 부여는 넓은 평야에 자리 잡아 농사와 목축이 발달하였고 왕과 마가, 우가, 저가, 구가라 불리는 대가들이 각 부족 지역을 다스렸어. 또한 왕이 죽으면 왕을 모시던 사람들을 함께 묻는 순장 풍습이 있었단다. 부여의 남쪽에 세워진 고구려는 왕과 대가들이 중요한 일을 제가 회의에서 결정했어. 또한 결혼을 하면 자식이 생길 때까지 신랑이 신부 집에 가서 사는 서옥제라는 독특한 풍습이 있었어.
여자 집의 본채 뒤편에 만든 별채를 서옥이라고 해.

　한반도의 동해안 지역에는 옥저와 동예가 있었어. 두 나라는 고구려의 간섭으로 크게 성장하지는 못했어. 옥저는 해산물이 풍부했는데 공납이라는 이름으로 고구려에 특산물로 바쳤단다. 그리고 결혼 풍습으로 열 살이 된 여자아이를 며느리로 데려와 기르는 민며느리제가 있었어. 동예도 옥저와 마찬가지로 특산물을 고구려에 바쳤어. 또한 다른 부족이 사는 지역을 서로 침범하지 못하게 하는 책화라는 법이 있었단다.

삼한은 마한, 진한, 변한을 말해

　한반도 남쪽에는 작은 나라들이 모여서 만들어진 삼한이 있었어. 이 지역은 일찍부터 벼농사가 발달하였어. 삼한 중 변한에서는 철이 많이 생산되어 주변 나라에 수출하기도 했어.

　삼한은 정치를 담당하는 군장과 제사를 주관하는 천군을 따로 두었어. 천군이 다스리는 '소도'라는 곳은 신성한 지역으로 여겨져 군장도 자신의 권력을 마음대로 쓸 수 없었지.

▲ 철기 시대의 여러 나라의 성장

● **공납** (貢 바칠 **공**, 納 바칠 **납**) 지방에서 나는 토산물을 직접 바치는 제도.
● **책화** 동예에서 공동체 지역의 경계를 침범한 자에게 내리는 벌칙으로 노비와 소, 말 등으로 보상하게 함.

참쌤이 들려주는
역사 이야기 서옥제와 민며느리제

고구려에는 서옥제, 옥저에는 민며느리제라는 독특한 결혼 풍습이 있었어요. 서옥제는 자식을 낳을 때까지 신랑이 신부의 집 뒤에 마련된 서옥에서 지내는 풍습을 말하고, 민며느리제는 10살이 되기 전에 혼인을 약속하여 신랑집으로 어린 신부를 미리 데려와서 기르는 풍습이에요. 당시 이와 같은 독특한 풍습이 나타난 까닭은 농경 사회로 혼인을 통해 새로운 가정이 꾸려지는 대신에 기존의 가족에서 일할 사람이 줄어드는 것을 막고 미리 혼인을 통해 일손을 확보하려는 의도가 담겨 있어요.

비주얼 씽킹
철기 문화를 바탕으로 한 여러 나라의 성장

정답 195쪽

부여

부여는 왕과 함께 (❶   )의 이름을 딴 대가들이 각 지역을 다스렸으며, 왕이 죽으면 왕을 모시던 사람들을 함께 묻는 순장이라는 풍습이 있었어요.

옥저와 동예

옥저는 여자아이를 며느리로 삼아 데려와 기르는 (❷   )라는 풍습이 있었어요. 동예는 다른 부족이 사는 지역을 서로 침범하지 못하게 하는 (❸   )라는 법이 있었어요.

고구려

고구려는 왕과 대가들이 모여 제가 회의를 열었고, 자식이 생길 때까지 신랑이 신부 집에 가서 지내는 (❹   )라는 결혼 풍습이 있었어요.

삼한

삼한 지역은 일찍부터 농업이 발달하였고 철이 많이 생산되었어요. 천군이 다스리는 '(❺   )'라는 곳은 군장도 자신의 권력을 마음대로 쓸 수 없었어요.

초성 Quiz

1 (ㅂㅇ)는 넓은 평야 지역에 자리 잡아 농사와 목축이 발달하였다.

□ 부여   □ 붕어

2 삼한에는 제사장인 천군이 다스리는 지역인 (ㅅㄷ)가 있었다.

□ 사도   □ 소도

단군왕검의 건국 이야기는 어디까지 사실일까요?

주제 알기

• 시기: 고조선 건국(기원전 2333년)
• 내용: 하늘의 신인 환인의 아들 환웅은 비, 바람, 구름을 다스리는 신하를 데리고 신단수 아래로 내려와 인간 세계를 다스린다. 환웅은 사람이 되고 싶다며 찾아온 곰과 호랑이에게 쑥과 마늘을 먹으며 동굴에서 견디면 인간이 될 수 있다고 하였다. 환웅은 곰에서 인간으로 변한 웅녀와 혼인해 아들인 단군왕검을 낳았고, 단군왕검은 훗날 고조선을 세운다.
• 관련 기록: 『삼국유사』(고려 말, 일연), 『동국통감』(조선), 『위서』(중국) 등

관련 키워드

　# 고조선　　　# 신화　　　# 역사　　　# 환웅　　　# 웅녀　　　# 단군왕검

관점 보기

단군왕검 이야기는 흥미진진한 신화이다

　신화란 인간을 뛰어넘는 능력을 발휘하는 주인공의 이야기가 전해져 내려오는 것이다. 단군왕검 이야기에는 하늘을 다스리는 환인, 그의 아들 환웅과 비, 바람, 구름을 다스리는 신하 등 인간의 능력을 뛰어넘는 인물이 등장한다. 또한, 곰이 동굴에서 쑥과 마늘을 먹고 사람으로 변하는 것은 현실에서는 불가능한 이야기이다. 이러한 신화는 단군왕검 이야기만 있는 것이 아니다. 이후에 등장하는 고구려의 주몽, 신라의 혁거세 이야기처럼 한 나라의 시조를 신으로 높여 나라나 민족의 우수성을 드러내는 것은 흔히 있는 일이었다.

단군왕검 이야기는 고조선의 건국 배경을 말해 준다

　역사란 문자로 쓰여진 기록을 통해 알 수 있는 과거이다. 『삼국유사』, 『동국통감』, 『위서』 등의 역사서에 단군왕검 이야기가 등장한다. 역사서 속에서 단군왕검이 실제로 존재했던 인물이라는 것과 기원전 2333년 고조선을 건국했다는 기록이 남아있다. 과거 고조선의 영토 곳곳에서는 고조선과 관련된 여러 유물이 출토되기도 했다. 또한 단군왕검 이야기를 통해 고조선 사람들의 생활 모습도 알 수 있다. 비, 바람, 구름을 다스리는 신하들이 내려왔다는 기록을 통해 고조선 사회는 농사를 중요하게 생각했고 곰과 호랑이가 사람이 되고자 환웅을 찾아온 내용은 곰과 호랑이를 섬기는 세력이 있었으며, 환웅의 세력과 곰을 섬기는 세력이 합쳐져 훗날 고조선을 세웠다는 점도 알 수 있다.

• **시조(始** 처음 **시, 祖** 조상 **조)** 한 겨레의 맨 처음이 되는 조상.
• **출토(出** 날 **출, 土** 흙 **토)** 땅속에 묻혀 있던 물건이 밖으로 파내어짐.

생각정리
다음 자료를 보고, 빈칸에 들어갈 알맞은 내용을 쓰세요.

환인과 환웅, 비, 바람, 구름을 다스리는 신하 등 신비한 인물이 등장해요.

고조선은 『(❶   )』, 『동국통감』, 『위서』 등의 역사서에 기록되어 있어요.

(❷   )이 햇빛을 보지 않으며 쑥과 마늘을 먹고 견디어 사람으로 변했어요.

과거 고조선 영토에서 고조선과 관련된 비파형 동검, 탁자식 고인돌 등의 유물과 유적이 발견되었어요.

환웅   웅녀
단군왕검

사람으로 변한 웅녀가 환웅과 결혼하여 (❸   )을 낳았어요.

농사가 잘 되는 것이 중요해.

단군왕검 이야기를 통해 당시 사람들의 (❹   )을 알 수 있어요.

 생각쓰기
내가 고조선을 세운 왕이 되어 단군왕검의 건국 이야기를 평가해 보세요.

2. 삼국의 성장과 발전

" 삼국이 건국되어 발전하는
과정에서 나타난 모습은 무엇일까요?

고구려, 백제, 신라는 주변을 정복하고 왕권을 강화하면서 중앙 집권 국가로 발전하였어요.
삼국은 서로 대립하거나 협력하면서 성장하였으며, 한강 유역을 두고 주도권을 잡기 위해
경쟁하기도 했어요. 또한 삼국과 가야는 주변 나라와 교류하며 다양한 문화를 꽃피웠어요.

기원전 57년	기원전 37년	기원전 18년	42년	433년	538년	562년
신라 건국	고구려 건국	백제 건국	금관가야 건국	나·제 동맹 성립	백제 사비 천도	대가야 멸망

2. 삼국의 성장과 발전

삼국 시대	기원전 57년	기원전 37년	기원전 18년	3년
	신라 건국	고구려 건국	백제 건국	고구려, 국내성 천도

▲ 국내성 성벽의 흔적

313년

고구려의 낙랑군 축출

260년

백제, 16관등, 공복 제정

고구려의 광개토 대왕은 어디까지 영토를 넓혔을까?

▲ 평양의 안학궁(복원 모형)

372년	384년	414년	427년	433년
고구려, 불교 수용, 태학 설립	백제, 마라난타가 불교 전파	고구려, 장수왕 광개토 대왕릉비 건립	고구려, 평양 천도	나·제 동맹 성립

◀ 광개토 대왕릉비

왜 고구려, 신라, 백제와 함께 가야 연맹을 합쳐 사국 시대라고 하지 않았는지 살펴봐!

42년
김수로왕
금관가야(가야) 건국

응애 응애 응애 응애

김수로왕과 다섯 가야의 왕은 모두 알에서 태어났다는데 사실일까?

194년
고구려, 진대법 실시

삼국은 불교를 받아들여 나라를 다스리는 데 이용하고 불교 문화를 꽃피웠어.

◀ 이차돈 순교비

475년
백제,
웅진 천도

527년
신라,
불교 공인

538년
백제,
사비 천도

562년
대가야 멸망
(가야 연맹 소멸)

백제가 사비에 만든 궁남지 ▶

주몽은 어떻게 고구려를 건국하였을까요?

참쌤 동영상

삼국 시대를 열었던 고구려의 시조가 알에서 태어났다는 걸 알고 있니?

주몽은 천제의 아들인 해모수와 물의 신인 하백의 딸 유화 사이에서 태어났어.

해모수와 유화의 혼인을 반대하였던 가족들은 유화 부인을 쫓아냈고, 유화 부인은 부여의 금와왕을 우연히 만났어.

└ 하늘을 다스리는 신

금와왕의 궁궐에서 지내게 된 유화 부인은 커다란 알을 하나 낳게 되었어.

이 알을 깨고 나온 인물이 바로 고구려를 세운 주몽이야.

알에서 태어난 아이는 어릴 때부터 활을 쏘는 실력이 뛰어나 사람들은 그를 주몽이라고 불렀어. 금와왕의 왕자들이 재주가 많은 주몽을 질투하고 미워해서 주몽을 없애려고 하자 주몽은 부여를 떠나게 되었어. 남쪽으로 가던 주몽은 엄시수라는 큰 강을 만나게 되었어. 자신의 뒤를 쫓는 군사들을 두고 강을 건널 수 없게 된 주몽은 강 앞에 서서 이렇게 외쳤단다.

부여 말로 '활을 잘 쏘는 사람' 이라는 뜻이야.

"나는 천제와 하백의 손자이다. 나를 위하여 갈대를 연결하고 거북이 무리를 짓게 하라."

그러자 정말 물 위로 갈대가 연결되고 어디선가 거북이가 물 위로 떠올라 다리를 만들어 주었어.

- **하백** 물을 맡아 다스린다는 신.
- **도읍(**都 서울 **도,** 邑 고을 **읍)** 한 나라의 수도로 정한 곳.

그렇게 무사히 강을 건넌 주몽은 도읍을 졸본으로 정하고 새로운 국가인 고구려를 세웠어.

졸본은 고구려의 첫 번째 수도였고 유리왕은 국내성으로, 장수왕은 다시 평양성으로 수도를 옮겼어.

▲ **오녀산성(중국 랴오닝)** 고구려의 첫 번째 수도인 졸본으로 추측됨.

참쌤이 들려주는

역사 이야기 알에서 태어난 삼국 시대의 인물들

고구려를 세운 주몽, 신라를 세운 박혁거세, 가야의 시조 김수로 등은 모두 알에서 태어났다는 공통점이 있어요.

옛날에는 정말 사람이 알을 깨고 태어난 것일까요? 옛날 사람들은 알은 태양을 상징하고, 알을 낳는 새는 하늘의 뜻을 전하는 역할을 한다고 믿었어요. 따라서 새가 낳은 알에서 태어난 인물을 통해 나라를 세우기 위해 하늘로부터 내려온 사람임을 강조할 수 있었어요.

▲ 여섯 개의 알이 등장하는 가야의 건국 이야기와 관련된 구지봉(경남 김해)

비주얼 씽킹!

고구려를 건국한 주몽

 정답196쪽

1. 알을 깨고 태어난 주몽

주몽은 천제의 아들인 해모수와 하백의 딸 유화 사이에 태어난 아이로, (❶   )을 깨고 나왔어요. 아이는 어릴 때부터 (❷   )을 쏘는 실력이 뛰어나 사람들은 그를 주몽이라고 불렀어요.

2. 남쪽으로 떠나는 주몽

주몽을 질투하였던 부여의 다른 왕자들을 피해 주몽은 남쪽으로 도망쳤어요. 강 앞에서 길이 막히자 갈대가 다리를 잇고 거북이가 물 위로 떠올라 주몽이 강을 건널 수 있도록 도왔어요.

3. 고구려의 건국

주몽은 부여의 남쪽 지역인 졸본에 도읍을 정하고 새로운 국가인 (❸   )의 왕이 되었어요.

초성 Quiz

1 주몽의 뜻은 '(ㅎ)을 잘 쏘는 자'이다.
　□활　　　　　　□환

2 주몽은 (ㅈㅂ)을 도읍으로 정하고 고구려를 세웠다.
　□졸본　　　　　□제비

02 백제는 어떻게 건국되었을까요?

참쌤 동영상

백제를 세운 온조왕은 고구려를 세운 동명성왕(주몽)의 아들이야. 고구려의 왕자가 어떻게 백제를 건국할 수 있었을까?

동명성왕은 부여에서 도망칠 때 이미 아이를 가진 아내가 있었어. 함께 도망가지 못한 아내에게 아들이 태어나면 자신을 찾아오게 하도록 했어. 이후 동명성왕은 고구려에서 비류와 온조 두 아들을 두게 되었지. 그런데 부여에서 태어난 아들 유리가 그를 찾아왔어. 그리고 유리가 동명성왕을 이어 왕의 자리를 물려받게 되자, 두 왕자 온조와 비류는 신하와 자신을 따르는 백성을 이끌고 고구려를 떠나 한반도의 남쪽으로 이동했어.

남쪽에 도착한 온조는 큰 강과 비옥한 토지를 보고 나라를 세우기 알맞다고 여겨 위례성을 도읍으로 정하고 나라 이름을 '십제'라고 하였어. ⌒오늘날 한강 유역에 나라를 세웠어.

온조왕은 고구려에서 왔고, 고구려를 세운 동명성왕(주몽)은 부여에서 왔어. 그래서 백제에서는 나라의 뿌리를 부여라고 생각하여 성을 부여씨라고 했다고 전해져.

비류는 미추홀에 도읍을 정했어. 그러나 이곳은 땅이 습하고 물이 짜서 농작물이 잘 자라지 못해 사람이 살기 어려웠어. 얼마 후 비류가 죽고 나자 비류를 따르던 신하와 백성들은 온조왕이 다스리는 위례성을 찾아갔어.

온조왕은 비류 세력을 맞이하였고 이후 나라의 세력이 더욱 커지자 나라의 이름을 십제(十濟)에서 백제(百濟)로 바꾸었어.

• **비옥**(肥 거를 비, 沃 기름질 옥) 땅이 기름지고 양분이 많음.
• **위례성** 한강 북쪽에 처음 만든 백제의 왕성.
• **미추홀** 오늘날 인천광역시 지역을 가리키는 고구려 때 이름.

참쌤이 들려주는

역사 이야기 백제의 원래 이름은 십제

『삼국사기』의 기록을 보면, 온조왕이 나라 이름을 처음에는 '십제(十濟)'로 정하였다고 나와 있어요. '열 명의 신하가 보필한다.'는 뜻이라고도 하고, 당시 온조왕이 '열 개의 강물을 건너왔다.'라는 뜻이라고도 해요.

이후 비류가 이끌던 세력들을 흡수하면서 백성들이 이를 기쁘게 따르며 나라 이름을 '백제(百濟)'로 고쳤다는 이야기가 있어요. 그 후 백제는 사비로 도읍을 옮기면서 잠시 '남부여'라는 이름으로 국호를 바꾸기도 했어요.

백제를 건국한 온조왕

정답 196쪽

1. 온조와 비류

(❶   )의 왕자였던 온조와 비류는 다른 형제인 유리가 왕의 자리를 물려받자 고구려를 떠나 한반도 남쪽으로 이동하였어요.

2. 위례성에 도착한 온조

온조는 강과 비옥한 땅이 있는 위례성에 도읍을 정하고 나라 이름을 (❷   )라고 했어요.

3. 미추홀에 도착한 비류

비류는 무리와 함께 미추홀에 나라를 세우려 했지만 땅이 습하고 물이 짜서 (❸   )를 짓고 살기 어려웠어요.

4. 십제에서 백제

비류가 죽은 뒤 비류를 따르던 세력들은 온조왕을 찾아갔고, 이들을 받아들인 온조왕은 세력을 키우고 나라의 이름을 십제에서 (❹   )로 바꾸었어요.

초성 Quiz

1 온조는 강과 비옥한 땅이 있는 (ㅇㄹㅅ) 에 나라를 세웠다.
  ☐ 위례성   ☐ 올레성

2 온조왕은 나라의 이름을 십제에서 (ㅂㅈ)로 바꾸었다.
  ☐ 박쥐   ☐ 백제

03

알에서 태어난 신라의 왕은 누구일까요?

참쌤 동영상

지금의 경주 땅에는 옛날에 사로국이라는 작은 나라가 있었어. 사로국은 왕이 없었기 때문에 여섯 마을의 •촌장들은 나라를 다스릴 왕이 나타나길 바라고 있었어.

어느 날 촌장 중 한 사람이 나정이라는 우물가에 가 보았더니 흰말 한 마리가 무릎을 꿇고 울며 절을 하고 있는 게 아니겠어? 잠시 후 말이 떠난 자리에 자주빛이 도는 커다란 알이 놓여 있었어. 촌장이 다가가 조심스레 건드리니 알에서 사내아이가 태어났단다.

사로국은 고조선 세력이 경주 지역 세력과 연합하여 세운 나라야.

촌장이 냇가에서 아이의 몸을 씻기자 어디선가 새와 동물들이 다가와 춤을 추고 천지가 진동하며 해와 달이 밝게 떠올랐어. 이를 본 촌장들은 '세상을 밝게 비춘다.'라는 뜻을 담아 아이의 이름을 '혁거세'라고 짓고, 둥근 박과 같이 큰 알에서 태어났다 하여 아이의 성을 '박'이라고 지었단다.

사로국 사람들은 박혁거세가 13세가 되었을 때 박혁거세를 거서간(왕)으로 받들었어.
신라에서 당시 왕을 부르던 칭호야.

사로국에서 시작한 신라는 기원전 57년에 삼국 중 가장 먼저 세워졌어. 이후 박씨, 석씨, 김씨가 교대로 왕위에 올라 나라를 다스렸고, 나라 이름은 서라벌, 계림 등으로 다양하게 불리다가 후에 •국호를 신라로 바꾸었어.

• 촌장(村 마을 촌, 長 장 장) 한 마을의 우두머리.
• 국호(國 나라 국, 號 부를 호) 한 나라의 이름, 이름을 부르는 것.

▲ 박혁거세 이야기가 전해지는 나정의 모습(경북 경주)

▲ 신라의 왕궁이 있었던 월성(경북 경주)

참쌤이 들려주는
역사 이야기 용의 갈비뼈에서 태어난 알영 부인

혁거세가 알에서 태어난 날, 우물가에 닭처럼 생긴 용 한 마리가 나타났어요. 그 용의 오른쪽 갈비뼈에서 여자아이가 태어났는데, 얼굴이 곱고 입은 닭의 부리처럼 생겼다고 해요.

한 할머니가 그 아이를 개울로 데려가 목욕을 시켰더니 입에 있던 부리가 빠지면서 예쁜 여자아이의 얼굴이 되었어요. 여자아이의 이름은 태어난 우물의 이름을 따서 '알영'이라고 지었어요. 13세가 된 박혁거세는 신라의 왕이 되어 알영을 왕비로 맞아들였어요.

▲ 알영 부인이 태어난 우물인 알영정

비주얼 씽킹 신라의 왕이 된 박혁거세

정답196쪽

1. 경주의 사로국

신라는 지금의 (❶   )에 자리 잡은 사로국에서 시작했어요. 사로국의 촌장들은 사로국을 다스릴 왕이 나타나길 바랐어요.

2. 알에서 태어난 아이

촌장 중 한 명이 나정이라는 우물에 가 보았더니 흰말 한 마리가 무릎을 꿇고 울고 있었어요. 그 자리에 놓여 있던 큰 알에서 사내아이가 태어나자 촌장들은 아이의 이름을 (❷   ), 아이의 성을 박이라고 지었어요.

3. 거서간이 된 박혁거세

박혁거세가 13세가 되었을 때 사로국의 사람들은 박혁거세를 사로국의 왕으로 받들었어요.

초성 Quiz

1 사로국의 촌장들은 알에서 태어난 아이의 이름을 (ㅎㄱㅅ)라고 지었다.
  □혁거세   □흑기사

2 박혁거세가 13세에 이르렀을 때 사로국의 (ㅇ)이 되었다.
  □알   □왕

04

가야를 세운 여섯 명의 왕은 누구일까요?

참쌤 동영상

6개의 가야국을 세운 왕은 누구였을까?

낙동강 유역의 변한 지역에는 9개의 °부족이 세력을 이루고 살고 있었어. 부족의 우두머리를 '간'이라고 불렀는데, 어느 날 아홉 명의 간과 사람들은 구지봉에서 나는 신비한 소리를 듣게 되었어.

▲ 아홉 명의 간이 구지가를 불렀다는 이야기 속 구지봉(경남 김해)

하늘로부터 나는 소리는 아홉 명의 간과 사람들에게 구지가라는 노래를 부르라는 것이었어. '거북아 거북아, 머리를 내밀어라. 내밀지 않으면 구워 먹겠다.'고 노래하며 춤을 추면 왕을 맞이하게 될 것이라는 °예언이었지.

아홉 명의 간과 사람들은 시키는 대로 노래를 따라 부르며 춤을 추었어. 그러자 하늘에서 자주색 줄이 내려와 그 줄을 따라가 보니 붉은 보자기로 감싼 황금 상자가 놓여 있었어. 황금 상자를 열어보니 해처럼 둥근 여섯 개의 알이 들어 있었어. 그리고 12일 만에 알에서 사내아이들이 태어났단다.

그중 가장 먼저 나온 아이에게 '수로'라는 이름을 지어주었어. 수로는 나라 이름을 '가야'라고 짓고 가야국의 왕이 되었어. 나머지 다섯 개의 알에서 태어난 아이들도 각각 가야국의 왕이 되었어.

● **부족**(部 거느릴 **부**, 族 겨레 **족**) 같은 조상·언어·종교 등을 가진, 원시 사회의 지역적 생활 공동체.
● **예언** 앞으로 다가올 일을 미리 알거나 짐작하여 이야기함.

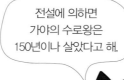

전설에 의하면 가야의 수로왕은 150년이나 살았다고 해.

응애 응애 응애

참쌤이 들려주는

역사 이야기 인도에서 건너 온 가야의 왕비

수로왕(김수로)의 부인인 허황옥(허황후)은 먼 바다를 건너 남쪽 나라에서 왔다고 전해져요. 역사가들은 허황옥이 왔다는 아유타국은 오늘날 인도 지역이 아니었을까하고 짐작하고 있어요. 허황옥은 수로왕과 혼인을 하여 10명의 자녀를 두었는데 그 중에 2명의 자녀는 어머니인 허황옥의 허씨 성을 따랐다고 해요. 그래서 오늘날 우리나라에 허씨 성이 뿌리내렸다고 전해져요. 정말 허황옥은 하늘을 나는 비행기나 튼튼한 여객선이 없던 시절에 먼 거리를 이동해 인도에서 우리나라까지 왔던 것일까요?

▲ 허황옥이 바다를 건널 때 싣고 왔다는 파사석탑

정답 196쪽

비주얼 씽킹

가야의 여섯 왕

1. 변한 지역의 부족 국가

낙동강 유역의 (❶   ) 지역에는 9개의 부족이 세력을 이루어 살고 있었어요.

2. 구지가를 부른 사람들

어느날 아홉 명의 간과 마을 사람들은 구지봉에서 하늘에서 들리는 말에 따라 (❷   )를 부르고 춤을 추었어요.

3. 상자 속 여섯 개의 알

그러자 하늘로부터 붉은 보자기로 감싼 황금 상자가 내려왔어요. 상자 안에는 해처럼 둥근 여섯 개의 (❸   )이 있었어요.

4. 수로왕과 가야

알에서 태어난 여섯 아이 중 가장 먼저 나온 아이의 이름을 (❹   )라 지었고, 이들은 각각 여섯 가야국을 다스리는 왕이 되었어요.

초성 Quiz

1 (ㄱㅈㅂ)에서 사람들은 노래를 부르고, 춤을 추며 왕을 기다렸다.

　□구지봉　　　□고질병

2 여섯 개의 알 중 가장 먼저 태어난 아이의 이름을 (ㅅㄹ)라고 지었다.

　□사랑　　　□수로

05 고구려는 성장을 위해 어떤 노력을 했을까요?

참쌤 동영상

고구려의 첫 번째 도읍이었던 졸본은 산악 지역으로 산세가 험하여 적의 침략을 방어하기 유리했지만 농업이 발달하기 어려웠어. 그래서 고구려는 주변 지역으로 영토를 넓히려고 활발한 정복 활동을 했어.

유리왕은 졸본을 떠나 압록강 주변의 국내성으로 도읍을 옮겼어. 그뒤 고구려는 주변의 작은 나라를 정복하고, 고조선이 멸망한 후 설치된 중국의 군현에 맞서 싸우면서 영토를 확장했어.

고구려는 1세기 후반 태조왕 때부터 왕권을 강화하고 중앙 집권 체제를 마련하기 위해 노력했어. 또 내부의 여러 집단을 통합하여 행정 조직을 세우고 주변의 옥저와 동예를 정복했어.

태조왕은 계루부, 절노부 등 5부를 확립하였고 각 부의 대표자들이 제가 회의를 통해 나라의 일을 정하였어.

이후 2세기 후반 고국천왕 무렵에는 형제가 물려 받던 왕의 자리를 아들에게 물려줄 수 있게 되었지. 이로 인해 왕권이 더욱 강화되었어. 고구려는 잠시 위의 침입으로 위기를 맞기도 하였지만 위의 군대를 물리치고 국력을 회복했어.

4세기에는 미천왕이 낙랑군을 물리치고, 영토를 넓혀 황해를 고구려의 활동 영역으로 만들 수 있었지. 이후 요동 지역으로 점차 세력을 확대시켜 중국의 전연과 대립하였어.

● **산악**(山 메 **산**, 岳 큰 산 **악**) 높고 험준하게 솟은 산들.
● **국력** 한 나라가 지닌 정치, 경제, 문화, 군사 등의 여러 방면에서의 힘.

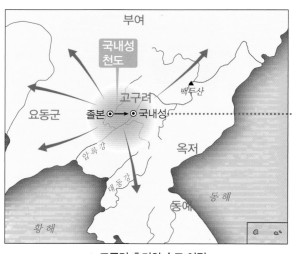

▲ 고구려 초기의 수도 이전

▲ 국내성 왕궁 성벽의 흔적(중국 지린)

 참쌤이 들려주는

역사 이야기 두 개의 성을 지은 유리왕

유리왕은 서기 3년에 도읍을 졸본에서 국내성으로 옮기면서 국내성 이외에 환도산성을 지었어요. 환도산성은 국내성을 보호하고 적의 공격을 막기위해 국내성과 가까운 산에 지은 것으로, 국내성과 압록강이 내려다보이는곳에 위치했어요.

국내성은 평평한 곳에 지어 왕은 평소 이곳에서 생활했어요. 그러나 외적이 침입하면 환도산성으로 옮겨 가서 적의 공격을 방어했다고 해요.

▲ 환도산성(중국 지린)

비주얼 씽킹 ## 고구려의 성장

정답196쪽

1. 국내성 천도

유리왕은 험준한 지형의 졸본에서 압록강 주변 평야 지역인
(❶   )으로 수도를 옮겼어요.

2. 태조왕의 노력

태조왕은 행정 조직을 세우고 왕권 강화와 중앙 집권 체제를 마련하기 위해 힘썼어요.

3. 왕위 계승과 왕권 강화

형제들이 왕의 자리를 물려받던 것이 고국천왕 무렵에는
(❷   )에게 왕의 자리를 물려주면서 왕권이 더욱 강화되었어요.

4. 고구려의 세력 확장

고구려는 주변의 (❸   ),
동예를 정복하고 이후 낙랑군을 물리치며 영토를 넓히고 세력을 확장하였어요.

초성 Quiz

1 유리왕은 졸본에서 (ㄱㄴㅅ)으로 도읍을 옮겼다.
☐ 국내성   ☐ 금남성

2 고국천왕때부터 왕위를 아들에게 물려주면서 (ㅇㄱ)이 강화되었다.
☐ 여권   ☐ 왕권

06 고구려의 기반을 닦은 소수림왕은 누구일까요?

참쌤 동영상

고구려의 17번째 왕인 소수림왕에 대해 알아볼까?

소수림왕은 아버지인 고국원왕이 평양성에서 백제와 전쟁 중 전사하고, 중국 전연의 침략으로 수도가 공격 받아 무너지는 위기 속에서 왕이 되었어. 소수림왕은 고구려의 위기를 이겨내고 나라를 바로 잡기 위해 노력하였지.

소수림왕은 먼저 중국으로부터 불교를 받아들였어. 종교의 힘으로 나라의 발전과 안녕을 빌고, 불교의 가르침을 바탕으로 백성들을 통합하고자 했지. 더 나아가 왕실의 권위를 높이고자 하였어.

> 고구려는 삼국 중 가장 먼저 불교를 받아들였어.

그리고 우리나라 최초의 학교인 태학을 만들었지. 태학은 유교 이념을 바탕으로 국가에 필요한 인재를 키우는 것이 목표였어.

또한 통치 질서를 바로잡기 위한 법과 제도가 담긴 율령을 반포했어. 율령에는 법을 어겼을 때 벌을 주는 형법과 중앙의 관등 제도, 정치 조직과 지방 행정 조직 등의 내용을 담고 있어.

이와 같은 노력으로 고구려는 왕 중심의 중앙 집권 체제를 더욱 강하게 할 수 있었어.

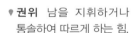

● **권위** 남을 지휘하거나 통솔하여 따르게 하는 힘.
● **이념**(理 다스릴 **리**, 念 생각할 **념**) 완전한 것으로 여겨지는 생각이나 견해.
● **반포** 세상에 널리 퍼뜨려 모두 알게 함.

▼ 소수림왕 때 지어진 불교 사찰 전등사(인천 강화)

 참쌤이 들려주는

역사 이야기 태학은 어떤 학교였을까?

고구려 소수림왕 2년 때인 372년에 만들어진 태학은 우리나라 최초로 국가가 운영하는 학교였어요. 주로 고구려의 귀족 자녀들이 다녔으며 태학의 선생님은 관리들 중에서 뽑아 맡겼다고 해요.

당시 태학에서는 유교와 중국의 문학, 무예 등을 가르쳤어요. 태학의 모습과 가르치는 내용 등은 지금과는 다르지만 국가가 교육의 중요성을 깨닫고 인재를 기르기 위해 힘쓴 것은 우리에겐 큰 의미가 있어요.

 비주얼 씽킹 **고구려의 소수림왕**

1. 소수림왕 즉위

소수림왕은 (❶   )이 전사하고, 수도가 공격 당하는 위기 속에서 왕이 되어 고구려의 기반을 다지고자 노력했어요.

2. 불교의 수용

소수림왕은 중국으로부터 가장 먼저 (❷   )를 받아들여 나라의 발전과 안녕을 빌고, 왕실의 권위를 높이고자 했어요.

3. 태학 설립

인재를 기르기 위해 태학을 설립하고 (❸   ) 이념과 다양한 학문을 가르쳤어요.

4. 율령 반포

나라의 통치 질서를 바로잡기 위한 법과 제도를 담은 (❹   )을 반포하여 나라를 다스리고 사회를 안정시키고자 했어요.

초성 Quiz

1 소수림왕은 인재를 기르기 위해 학교인 (ㅌㅎ)을 세웠다.
  ☐ 투호   ☐ 태학

2 고구려는 삼국 중 가장 먼저 (ㅂㄱ)를 받아들였다.
  ☐ 불교   ☐ 북극

2. 삼국의 성장과 발전 **57**

07 광개토 대왕은 어떻게 동북아시아의 강자가 되었을까요?

참쌤 동영상

고구려하면 떠오르는 왕은 누가 있을까? 바로 용맹함으로 영토를 확장하고 고구려를 크게 발전시켰던 광개토 대왕일 거야.

고구려의 소수림왕에겐 왕위를 물려줄 자식이 없었어. 결국 소수림왕의 동생이 왕위를 물려받아 고국양왕이 되었어. 그리고 훗날 왕이 된 고국양왕의 아들이 바로 광개토 대왕이었단다.

18세의 어린 나이로 즉위한 광개토 대왕은 백제를 공격하여 한반도 중부 지방인 임진강 일대를 차지하였고, 거란을 정벌하여 북쪽 지역을 안정시켰어. 그리고 다시 백제를 공격하여 한강 하류까지 진출할 수 있었어.

신라가 왜의 공격으로부터 어려움을 겪을 때에는 신라 내물 마립간(왕)의 구원 요청을 받아들여 5만의 군사를 보내 왜를 물리치고, 가야 지역까지 진출하기도 했어. ᐁ 이 과정에서 금관가야는 타격을 받고 쇠퇴하였어.

또한 후연을 공격하여 요동 지역을 확보하였고, 만주의 대부분을 고구려의 영토로 만들었단다.

이렇게 대제국을 건설한 광개토 대왕은 '영락'이라는 고구려만의 연호를 사용하여 중국과 대등한 나라라는 자신감을 보일 수 있었지.

아들인 장수왕은 광개토 대왕의 업적을 새긴 광개토 대왕릉비를 세웠고, 이 비는 오늘날까지 전해져 오고 있어.

광개토 대왕은 북으로는 만주, 남으로는 서울 부근 임진강, 동으로는 러시아 연해주, 서로는 요하까지 고구려의 영토를 넓혔어.

● **즉위(**卽 나아갈 **즉,** 位 자리 **위)** 임금의 자리에 오름.
● **구원(**救 구할 **구,** 援 당길 **원)** 어려움이나 위험에 빠진 대상을 구해 줌.

▲ 광개토 대왕릉비

참쌤이 들려주는
역사 이야기 광개토 대왕릉비는 얼마나 클까?

장수왕은 아버지의 업적을 후세에 남기기 위해 왕릉 곁에 광개토 대왕릉비를 세웠어요.
광개토 대왕릉비는 단단한 비석 표면에 모두 1775자의 글자가 새겨져 있어요. 비석의 높이는 약 6.4미터로 보통 사람 4명의 키와 비슷하고 무게는 무려 37톤이라고 해요.
비석에는 광개토 대왕의 즉위, 백제 공격, 신라를 도와 왜로부터 구해 준 사건 등과 함께 다양한 광개토 대왕의 업적이 기록되어 있어서 당시 고구려의 역사를 알 수 있는 귀중한 문화유산이에요.

▲ 광개토 대왕릉비(중국 지린)

정답 196쪽

비주얼 씽킹! 고구려의 광개토 대왕

1. 한반도 세력 확장

광개토 대왕은 즉위 초부터 백제를 공격하여 (❶   ) 하류까지 영토를 넓히고, 신라에 침략한 왜를 물리치는 등 한반도에서 세력을 넓혀갔어요.

2. 영토 확장과 대제국 건설

광개토 대왕은 고구려 북쪽의 숙신과 거란을 비롯한 여러 나라를 공격하여 넓은 (❷   )를 차지하였어요.

3. 광개토 대왕릉비에 담긴 업적

북으로는 한반도를 넘어 만주까지 진출하고 남으로는 백제와 신라를 두려움에 떨게 만들었던 광개토 대왕의 업적은 장수왕이 세운 (❸   )에 잘 기록되어 있어요.

초성 Quiz

1 광개토 대왕은 (ㅂㅈ)를 공격하여 한강 하류 지역까지 영토를 넓혔다.

☐ 백제　　　　☐ 벽지

2 대제국을 건설한 광개토 대왕은 (ㅇㄹ) 이라는 독자적 연호를 사용했다.

☐ 유리　　　　☐ 영락

고구려의 전성기를 맞이한 왕은 누구일까요?

참쌤 동영상

광개토 대왕은 수십 년간 전쟁터에서 고구려군을 이끌다 서른 아홉이라는 이른 나이에 목숨을 거두었지. 그에 비해 뒤를 이은 장수왕은 무려 80여 년 동안 고구려의 왕으로 나라를 다스렸어. 그래서 왕을 칭하는 이름도 오래 산다는 뜻인 장수왕인 거야. ⟿ 우리가 알고 있는 왕의 이름은 죽은 뒤 업적을 기려 붙여진 것이야.

왕위에 오른 장수왕은 국내성에서 평양으로 도읍을 옮겼어. 국내성에 기반을 두고 있던 귀족 세력을 약화시키고 왕권을 강화하려는 목적이 있었단다.

무시무시한 장수왕의 공격에 대비하기 위해 백제와 신라는 나·제 동맹을 맺었어.

장수왕은 아버지인 광개토 대왕이 이룩한 거대한 영토를 잘 다스리기 위해 정치를 안정시키고 중국과의 외교에도 힘썼어. 그리고 남진 정책을 펼쳐 고구려 남쪽의 백제와 신라를 공격했지. 장수왕은 3만의 군사를 이끌고 백제를 공격하여 백제의 수도인 한성을 점령하고 한강 유역을 모두 차지하게 되었어. 이러한 사실이 담긴 충주 고구려비가 오늘날 충청북도 충주에 남아 있단다.

장수왕은 중국의 북위가 견제를 할 정도로 크고 강한 나라를 만들었지. 또한 북위와 적대 관계인 유연과도 좋은 관계를 유지하는 등 여러 나라들 사이에서 균형 있는 외교 정책을 폈어. 광개토 대왕에 이어 장수왕이 건설한 대제국 고구려의 번영은 6세기 초반까지 계속되었어.

▲ 안학궁(복원 모형)
장수왕이 평양에 세운 궁

▲ 충주 고구려비
(충북 충주)

▲ 고구려의 전성기(5세기)

🔹 **견제**(牽 끌 견, 制 누를 제) 상대편이 지나치게 세력을 펴거나 자유롭게 행동하지 못하게 억누름.
🔹 **번영** 번성하고 귀하여 세상에 이름을 빛냄.

참쌤이 들려주는

역사 이야기 장수왕릉은 어디에 있을까?

옛 고구려의 도읍이었던 국내성에는 태왕릉이라고 불리는 광개토 대왕의 무덤과 고구려의 것으로 추정되는 장군총이라고 불리는 왕의 무덤이 있어요. 학자들은 장군총이 고구려의 번영을 누렸던 장수왕의 무덤이라고 추측하고 있어요. 그러나 일부 학자들은 평양으로 도읍을 옮겼던 장수왕의 무덤이 예전 도읍에서 발견된 점을 들거나 장군총은 제사 의식을 지내던 신전이라고 주장하며 장수왕의 무덤이 아니라고 보는 의견도 있어요.

▲ 장군총(중국 지린)

고구려의 전성기를 이끈 장수왕

정답 196쪽

1. 평양으로 도읍 천도

장수왕은 국내성 귀족들의 반대에도 불구하고 도읍을 (❶   )으로 옮기고, 본격적으로 남진 정책을 추진하였어요.

2. 남진 정책 추진

장수왕은 직접 군사를 이끌고 백제를 공격하여 백제의 수도를 함락시키고, (❷   ) 유역을 차지했어요.

3. 대제국 건설

장수왕은 한반도 중부 지역을 차지하여 삼국의 경쟁에서 주도권을 잡고 여러 나라와 균형 있는 (❸   ) 정책을 펼쳤으며 영토를 더욱 넓혀 고구려의 전성기를 이끌었어요.

초성 Quiz

1 장수왕은 수도를 국내성에서 (ㅍㅇ)으로 옮겼다.
　　□ 평양　　　　　□ 팽이

2 장수왕은 (ㄴㅈ) 정책을 펼쳐 한강 이남까지 영토를 넓혔다.
　　□ 남자　　　　　□ 남진

삼국은 왜 한강 유역을 차지하려고 다퉜을까요?

한강 유역 점령 시기

- 백제: 온조가 한강 유역에 도읍(위례성)을 정하고 나라를 세움.
- 고구려: 광개토 대왕은 남쪽으로 진출하여 한강 유역까지 영토를 넓히고, 장수왕 때 백제를 공격하여 한강 이남까지 진출함.
- 신라: 진흥왕은 나·제 동맹을 깨고, 백제의 영토였던 한강 하류 지역을 빼앗음.

관련 키워드

넓은 평야   # 비옥한 땅   # 교통 편리   # 교역 중심지

중요성 살펴보기

한반도의 중심부에 나라를 세운 백제 온조왕

백제는 한강 유역의 위례성에 도읍을 정하고 나라를 세웠다. 한강 유역은 일찍부터 농사짓기 좋은 평야가 있어 농업이 발달하였고 뛰어난 철기 문화를 바탕으로 발전하고 있었다. 백제는 한강 유역과 가까운 황해를 통해 중국과 교류하며 앞선 문화를 받아들이고 다른 나라와 교역을 할 수 있었다.

남진 정책의 결실로 한강을 차지한 고구려 장수왕

광개토 대왕에 이어 넓은 영토를 물려 받은 장수왕은 도읍을 평양으로 옮기고 남진 정책을 펼치며, 한반도의 남쪽으로 진출하였다. 장수왕은 백제를 공격하여 한강 유역을 차지하고 한반도 중부 지방까지 영토를 넓혔다. 백제는 한성을 빼앗기고 도읍을 남쪽으로 옮긴 뒤 중국과의 교역로가 막혀 한동안 국력이 약화될 수밖에 없었다.

한강 유역을 손에 넣고 삼국 통일의 기반을 마련한 신라 진흥왕

신라는 오랫동안 황해와 맞닿아있지 않아 중국의 선진 문물을 직접 받아들이기 어려웠고, 고구려와 백제에 비해 발전이 뒤처질 수밖에 없었다. 진흥왕은 동맹을 깨면서까지 백제의 성왕과 함께 되찾은 한강 유역을 신라의 영토로 만들었다. 이후 신라는 한강 유역의 풍부한 생산물과 노동력, 중국과 직접 교류할 수 있는 교통로 등을 확보하여 삼국의 경쟁에서 주도권을 잡을 수 있게 되었다.

- **선진** 발전 단계가 다른 것보다 앞서는 것.
- **주도권**(主 주인 주, 導 이끌 도, 權 권리 권) 책임을 지는 위치에서 일하는 권리나 권력.

다음 자료를 보고, 빈칸에 들어갈 알맞은 내용을 쓰세요.

한강 주변은 넓은 평야가 있고 물이 풍부해 (❶   )짓기 매우 좋은 곳이에요.

'아리수'는 고구려 것이니 넘보지 말게!

'한산하'는 신라가 차지하겠소!

한강

'욱리하'는 백제의 강이오!

한반도의 (❷   )으로 지리적으로 유리하고 다른 나라들을 공격하고 견제하기 좋은 위치에요.

(❸   )이 편리해 한강을 통해 여러 곳으로 물건을 보내기 쉬운 곳이에요.

나하오!

중국

황해를 통해 직접 (❹   )과 교류할 수 있어요.

한강 유역이 왜 삼국의 여러 나라들에게 중요한 장소였는지 자신의 의견을 써 보세요.

참쌤 동영상

고구려의 왕자였던 온조는 한반도의 남쪽으로 내려와 한강 유역에 백제를 세웠어. 백제는 마한에 속한 작은 나라로 시작하여 건국 초기에는 여러 세력으로부터 압력을 받아 어려움을 겪기도 했단다.

당시 백제가 있던 한강 유역은 일찍부터 농업과 철기 문화가 발달하였고, 교통의 중심지로 여러 문물을 교류하기 좋은 곳이었어. 이러한 장점을 바탕으로 백제는 마한 내의 작은 나라들을 정복하면서 힘을 키워 갔어. 백제가 성장하기 시작한 것은 3세기의 고이왕 때부터였어.

고이왕은 공복제를 정해 관리의 높고 낮음에 따라 관복 색깔을 달리 하도록 했어.

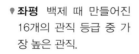

고이왕은 중국 군현의 침략을 막아 내고 마한의 목지국을 흡수하여 중부 지방을 장악하였어. 또한 나라의 기틀을 세우고자 법령을 만들고 6명의 좌평과 16개의 관직 등급을 정하여 나라의 일을 나누어서 맡도록 했어. — 6좌평, 16관등제

• **좌평** 백제 때 만들어진 16개의 관직 등급 중 가장 높은 관직.
• **관직**(官 벼슬 관, 職 벼슬 직) 관리가 나라로부터 받은 일정한 범위의 직무나 지위.

침류왕 때 중국의 동진에서 온 마라난타 스님은 백제에 불교를 전하였어. '왕이 곧 부처님이다.'라는 믿음을 백성들에게 심어주고, 왕권을 높일 수 있었기 때문에 이후 불교는 백제 사회에 적극적으로 알려졌어.

▼ 500여 년 가까이 백제의 중심지였던 한강 유역

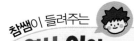 참쌤이 들려주는

역사 이야기 백제의 도읍이었던 위례성의 위치는 어디일까?

온조왕이 도읍으로 정한 위례성은 무려 500여 년 가까이 백제의 수도 역할을 했어요. 하지만 위례성이 실제로 어디에 위치해 있었는지 정확한 장소를 찾지 못하고 있어요. 『삼국사기』에는 위례성의 북쪽으로는 강, 동쪽으로는 높은 산, 서쪽으로는 바다, 남쪽으로는 비옥한 농토가 있다고 적고 있어요. 이러한 특징을 가진 곳으로 현재 몽촌토성, 풍납토성이 있는 서울특별시 송파구 또는 산성이나 사찰 유적이 남아있는 하남시 춘궁동이 위례성이 아니었을까 추측하고 있어요.

▲ 몽촌토성(서울 송파)

 비주얼 씽킹

백제의 성장 과정

정답 196쪽

1. 영토의 확장

백제는 (❶   ) 지역의 작은 나라들을 정복하면서 한반도 중부 지방에서 세력을 넓혀 나갔어요.

2. 통치 제도의 정비

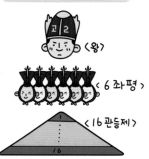

〈왕〉
〈6좌평〉
〈16관등제〉

고이왕은 법령을 만들고 (❷   )을 비롯해 16관등제를 정하여 나라 일을 맡도록 했어요.

3. 불교의 수용과 왕권 강화

밖으로는 세력을 확장하며 영토를 넓히고, 안으로는 통치 체제를 정비하는 한편 침류왕 때에는 중국 동진의 마라난타 스님으로부터 (❸   )를 받아들여 왕권을 높이는 데 이용하였어요.

초성 Quiz

1 고이왕은 6좌평, 16(ㄱㄷ)제를 만들어서 통치 조직을 정비하였다.
  ☐ 군대   ☐ 관등

2 백제는 침류왕 때 중국의 동진으로부터 (ㅂㄱ)를 받아들였다.
  ☐ 불교   ☐ 배구

10 한반도의 주도권을 잡은 백제의 왕은 누구일까요?

참쌤 동영상

4세기 백제에는 비류왕의 아들인 근초고왕이 즉위하였어. 근초고왕은 강력한 군대를 이끌고 남쪽에 남아 있던 마한 세력을 정복하여 비옥한 곡창 지대를 차지하였고 가야 연맹에도 힘을 미치는 등 백제의 전성기를 열었어. 또한 근초고왕은 고구려를 공격하여 평양성에서 고구려의 고국원왕을 전사시키고 황해도 일부 지역까지 차지했지.
— 광개토 대왕의 할아버지

이를 계기로 백제는 황해와 남해를 이용한 교역로를 확보하여 중국의 동진, 왜 등과 교류하며 고구려를 견제하고 한반도의 주도권을 잡았어.

근초고왕은 백제의 국위와 왕의 권위를 높이기 위해 박사 고흥에게 백제의 역사서인 『서기』를 쓰도록 했어. 자신이 왕이 된 이후부터 형제에게 왕권을 물려주던 것을 아들에게 왕의 자리를 물려주도록 함으로써 더욱 왕권을 강화하였단다.

한때 중국이 혼란스러워지자 이를 이용하여 중국의 요서 지방에 진출하였어. 뿐만 아니라 왜에 칠지도를 전하고 학자와 기술자를 보내 주는 등 활발한 교류를 이어 나갔단다.

● **곡창(穀** 곡식 **곡, 倉** 창고 **창)** 식량을 많이 생산해 내는 지역을 가리키는 말.
● **박사** 백제의 학자, 기술자들에게 주었던 벼슬의 이름.

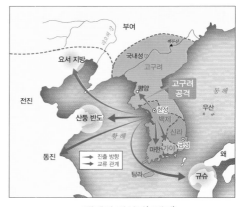

▲ 백제의 전성기(4세기)

▼ 백제 근초고왕의 무덤으로 추측되는 석촌동 적석총 3호분(서울 송파)

 참쌤이 들려주는

역사 이야기 백제가 왜에 전해 준 칠지도의 정체는 무엇일까?

칠지도는 일곱 개의 가지가 뻗어 나온 형태의 검으로 백제가 왜에게 전해 준 것이에요. 당시 백제의 뛰어난 철기 제작 기술과 금으로 글씨나 무늬를 새겨 넣는 금상감 기법으로 만든 검으로 일본의 국보로 지정되어 있기도 해요.

칠지도에는 황금으로 62자의 글자를 새겼는데 백제의 근초고왕이 태자였던 근구수왕을 보내서 왜에 하사하였다는 내용이 담겨 있다고 해요. 백제는 칠지도를 전하면서 왜와 교류를 하고 군사적 협력도 얻고자 했어요.

칠지도(일본 나라) ▶

비주얼 씽킹! **근초고왕과 백제의 전성기**

정답 196쪽

1. 세력 확장

근초고왕은 군대를 이끌고 남쪽의 마한 세력을 정복하고 (❶   )에도 백제의 힘을 떨쳤어요.

2. 고구려 공격

북쪽으로는 고구려를 공격하여 평양성에서 (❷   )을 전사 시켰어요.

3. 왕위 계승과 역사서 편찬

아들에게 왕위를 물려주었고, 박사 고흥에게 역사서인 (❸   )를 편찬하도록 하여 왕의 권위를 높였어요.

4. 대외 교류 확대

중국의 요서 지방에 진출하였고 동진, (❹   ) 등과 교류하며 다양한 문물과 기술을 주고받았어요.

초성 **Quiz**

1 근초고왕은 고구려를 공격하여 (ㅍㅇ)성에서 고국원왕을 죽였다.
　□ 팽이　　　　□ 평양

2 근초고왕은 (ㅇㄷ)에게 왕위를 물려 주어 왕권을 강화하였다.
　□ 아들　　　　□ 인도

11 백제는 왜 두 번이나 도읍을 옮겼을까요?

참쌤 동영상

5세기에 고구려의 장수왕은 남쪽으로 영토를 넓히는 남진 정책을 펴기 시작했단다. 당시 백제의 비유왕은 고구려의 침략에 대비하기 위해 신라의 눌지 마립간과 나·제 동맹을 맺고, 고구려에 맞섰지만 막강한 장수왕의 군대를 막기 어려웠어. 결국 고구려 장수왕의 공격을 받은 백제는 수도인 한성이 함락되고 개로왕도 숨을 거두고 말았어.

당시 신라에서 왕을 부르는 말

온조왕이 나라를 건국하고 한성은 500년 가까이 백제의 도읍이었지만 웅진으로 도읍을 옮긴 뒤 다시는 한성으로 돌아가지 못했어.

한강 유역을 고구려에게 빼앗긴 백제는 방어에 유리한 남쪽의 웅진으로 도읍을 옮겼어. 이후 귀족들의 권력 다툼으로 왕권은 더욱 약해졌고 교역로를 확보하지 못해 대외 교류도 어려워졌어.

5세기 후반 동성왕 때가 되어서야 중국 남조와 외교 관계를 회복하고 고구려에 대항하기 위해 신라와 혼인 관계를 맺어 동맹을 강화했어.

이후 무령왕이 즉위하면서 왕권을 강화하고 가야에 대한 영향력을 확대하였으며 고구려와 적극적으로 맞서기 시작했어. 무령왕의 아들 성왕은 백제의 부흥을 위하여 다른 나라와의 교류가 유리한 사비로 도읍을 옮기고 신라와 함께 고구려를 공격하여 한강 유역을 되찾았어. 그러나 백제와의 동맹을 깬 신라의 공격으로 한강 하류 지역을 신라에게 빼앗기고 말았어.

▶ **부흥**(復 다시 **부**, 興 흥할 **흥**) 쇠퇴했던 것이 다시 일어남.
▶ **천도**(遷 옮길 **천**, 都 도읍 **도**) 한 나라의 수도를 옮김.

웅진

백제의 수도였던 웅진과 사비의 유적지

사비

▲ 공산성(충남 공주)

▲ 궁남지(충남 부여)

웅진으로 수도를 옮김 (475)
사비로 수도를 옮김 (538)

▲ 백제의 천도 과정(5세기~6세기)

참쌤이 들려주는

역사 이야기 나·제 동맹으로 맺어진 백제와 신라

433년 백제의 비유왕과 신라의 눌지 마립간이 고구려의 공격에 대비하여 위해 맺은 나·제 동맹은 이후 554년까지 100년 넘게 유지되었어요. 5세기 후반에는 나·제 동 맹을 강화하기 위해 신라와 백제 사이에 왕족이 서로 혼인을 하기도 했어요.

그러나 함께 고구려로부터 한강 유역을 되찾은 뒤로 신라가 동맹을 깨고 한강 유역을 빼앗았어요. 백제의 성왕은 신라를 공격하였으나 관산성 전투에서 패배하여 목숨까지 잃게 되었고 이후 두 나라는 서로 나쁜 관계가 계속되었어요.

백제의 도읍 이전

정답 196쪽

1. 나·제 동맹의 체결과 웅진 천도

고구려 장수왕의 남진 정책에 맞서기 위해 백제의 비유왕은 신라와 (❶   ) 동맹을 맺었어요.

그러나 고구려의 공격으로 백제의 수도인 한 성이 함락되고 개로왕이 전사하면서 백제는 남쪽의 (❷   )으로 도읍을 옮겼어요.

2. 무령왕의 등장

(❸   )은 백제의 국력을 회복하기 위해 왕권과 군사력을 강화하고 중국과 의 교류를 통한 문화 발전을 위해 노력하 였어요.

3. 성왕의 사비 천도

백제는 성왕 때 도읍을 웅진에서 대외 교 류에 유리한 사비로 옮기고 신라와 함께 고구려를 공격하여 (❹   )을 다시 차지하였어요.

초성 Quiz

1 고구려의 장수왕에 맞서기 위해 백제는 (ㅅㄹ)와 나·제 동맹을 맺었다.
  □ 신라   □ 소라

2 백제는 한성에서 (ㅇㅈ)과 사비로 두 차 례나 도읍을 옮겼다.
  □ 인제   □ 웅진

백제 문화를 대표하는 무령왕릉은 어떤 모습일까요?

참쌤 동영상

무령왕은 백제의 부흥을 이끌었던 왕으로 지방 22담로에 왕족을 보내어 지방을 다스리고, 농업 발전 및 백성의 생활 안정을 위해 노력했어. 또한 중국 남조와 교류하여 중국의 발달한 문물을 적극적으로 받아들이는 등 백제가 다시 발전할 수 있는 발판을 마련했어.

담로는 백제가 지방의 중심지에 왕자나 왕족을 보내어 다스리게 한 지방 통치 제도야.

사후 세계에서도 왕 노릇을 하려면 이 정도는 준비해야지.

무령왕의 무덤은 1971년에 다른 무덤의 배수로 공사를 하던 중 우연히 발견되었어. 무령왕릉은 백제의 무덤 중 주인을 알 수 있는 무덤이야.

이전까지 백제의 왕들은 돌을 쌓거나 돌로 방을 만들고 그 위에 흙을 덮어서 무덤을 만들었어. 이와 달리 무령왕릉은 벽돌무덤 양식으로 중국 남조의 영향을 받아 무덤 내부를 벽돌로 쌓아 만들었단다. 무덤에서는 중국 남조 및 일본과의 교류를 보여 주는 석수와 목관 등이 출토되었어. 또 왕관을 장식하는 데 사용된 금제 관식, 금귀걸이 등도 발견되었는데 당시 섬세하고 화려했던 백제의 금속 세공 기술을 보여 주고 있어.

♦ **세공**(細 세밀할 세, 工 장인 공) 잔손을 많이 들여 물건을 세밀하게 만들어 냄.

무령왕릉은 송산리 고분군, 정림사지, 미륵사지 등과 함께 백제 역사 유적 지구(공주, 부여, 익산)에 속하며 유네스코 세계 문화유산으로 등재되었어!

▼ 중국의 영향을 받아 벽돌로 만든 무령왕릉(복원 모형)

▼ 석수

무령왕릉 출토 유물

▲ 청동 거울

▲ 백제의 금제 관식

 참쌤이 들려주는

역사 이야기 무덤의 주인이 무령왕인 것을 어떻게 알았을까?

삼국 시대의 왕들이 묻힌 무덤은 실제 주인이 누구인지 알기 어려웠어요. 어떤 왕이 묻혀 있는지 알 수 있는 기록이 담긴 지석이 발견되지 않았기 때문이에요.

그러나 무령왕릉에서 발견된 지석에는 무령왕의 사망한 날과 무령왕릉을 나타내는 '영동대장군', '사마왕' 등의 글자가 명확하게 적혀 있어서 무령왕과 왕비가 묻힌 능이라는 것을 알 수 있었어요. 『삼국사기』에는 무령왕의 키가 8척이라고 기록되어 있었는데 실제로 무령왕의 유골의 신장을 재어보니 180cm나 되어 당시에 살았던 사람들보다 키가 컸다는 것을 알 수 있어요.

▲ 무령왕이 안장되었다는 내용이 담긴 지석

정답196쪽

 비주얼 씽킹! ## 백제의 무령왕릉

독특한 무덤 양식

돌무지무덤

굴식 돌방무덤

무령왕릉
벽돌무덤

무령왕릉은 기존 백제 왕들의 무덤과는 달리 (❶) 양식으로 만들어졌어요. 이는 중국 남조의 영향을 받은 것으로 당시 백제와 중국 사이에 다양한 문화 교류가 있었다는 것을 알 수 있는 특징이에요.

수준 높은 금속 세공 기술

무령왕릉에서 출토된 무령왕 금제 관식, 금귀걸이 등의 유물을 통해 백제의 수준 높은 (❷) 세공 기술을 알 수 있어요.

유네스코 세계 문화유산

유네스코 세계유산
왕들은 죽은 뒤에도 또 다른 세계가 있다고 믿었지.

무려 108종 4,600여 점에 이르는 유물이 출토된 무령왕릉은 송산리 고분군, 정림사지, 미륵사지와 더불어 (❸) 세계 문화유산으로 등재되었어요.

 초성 Quiz

1 무령왕릉은 중국의 영향을 받아 (ㅂㄷ)을 쌓아 만든 무덤이다.
☐ 벽돌   ☐ 백돌

2 무령왕릉은 유네스코 세계 문화유산으로 (ㄷㅈ)되었다.
☐ 대접   ☐ 등재

13 신라는 성장을 위해 어떤 노력을 했을까요?

참쌤 동영상

다음 왕은 김씨인 네가 하거라!
뭐야, 자들 마음이요!
네)!

신라는 지금의 경주 지역에 자리 잡은 사로국에서 시작하였어. 사로국의 시조인 혁거세는 나라를 세우고 철기 문화를 바탕으로 점차 세력을 넓혀갔단다. 초기에는 박씨, 석씨, 김씨 등 3성을 가진 세력들이 번갈아가며 왕인 '이사금'으로 추대되었어.
└ 오늘날 임금이라는 말의 원형이라고도 해.

4세기 후반 내물 마립간은 주변 세력을 정복하고 진한 지역을 대부분 차지하였어. 왕권이 커지면서 내물 마립간은 아들에게 왕위를 물려주어 김씨가 계속 왕위를 이어가게 되었지.

'신라'라는 국호에는 왕의 덕이 날로 새로워져 사방으로 널리 받아들인다는 의미가 담겨 있어.

5세기에 백제와 동맹을 맺고, 고구려의 영향력에서 벗어나려고 노력했어. 6세기 지증왕 때는 우경을 도입하여 농업 생산량이 크게 늘었어. 또한 오늘날 강원도 중부 지방까지 영토를 확장하고 장군 이사부를 시켜 우산국(울릉도)을 정복하였어. 그리고 나라의 이름을 '신라'로 바꾸고 나라의 임금을 뜻하는 '왕'이라는 명칭을 사용하기 시작했단다.

지증왕의 아들인 법흥왕은 율령을 반포하고 관등제 및 골품제 등 관직을 정비하여 나라의 기틀을 마련했어. 또한 토착 신앙과 귀족들의 반대에도 불구하고 이차돈의 순교에 힘입어 불교를 공식적으로 받아들여서 왕의 권위를 강화했단다.

신라는 삼국 중 가장 늦었지만 금관가야 지역을 차지하면서 영토를 넓히고 중앙 집권 체제를 정비하여 고구려, 백제와의 경쟁에서 주도권을 잡을 수 있게 되었어.

▶ **추대** 윗사람으로 떠받듦.
▶ **우경**(牛 소 우, 耕 농사지을 경) 소를 사용하여 농사를 짓는 방법.
▶ **순교**(殉 따라 죽다 순, 敎 종교 교) 자신이 믿는 신앙을 지키기 위해 목숨을 바치는 일.

▲ 이차돈 순교비(경북 경주)

역사 이야기 왕을 의미하는 여러 가지 말

신라는 지증 마립간이 왕이 되고 나서 왕의 권위가 강화되면서 비로소 '왕'이라는 명칭을 사용하기 시작했어요. 그 전에는 왕이라는 말을 대신하여 거서간, 차차웅, 이사금, 마립간이라는 말을 사용했어요.

'거서간'이라는 말은 한 지역의 군장, 우두머리, 제사장이라는 뜻이었어요. '차차웅'은 무당이라는 뜻을 담고 있으며 '마립간'은 우두머리인 '간'들 중에서 가장 으뜸이라는 뜻이 있어요.

신라의 성장 과정

정답 197쪽

부자 왕위 계승

(❶   ) 마립간부터 아들에게 왕위를 물려주어 김씨가 계속 왕이 될 수 있었어요.

국호와 제도의 정비

지증왕은 '(❷   )'라는 국호와 '왕'이라는 명칭을 사용하였고, 법흥왕은 율령을 반포하고 제도를 정비하였어요.

불교의 수용

반대에도 불구하고 (❸   )의 순교에 힘입어 불교를 공식적으로 받아들이고 왕권을 강화했어요.

중앙 집권 체계 정비와 신라의 성장

신라는 세력 확장과 부자 왕위 계승, 제도의 정비와 더불어 불교를 받아들이는 등의 노력으로 (❹   )을 강화하고 나라의 기반을 튼튼히 했어요.

초성 Quiz

1 지증왕 때 처음으로 (ㅅㄹ)로 국호를 바꾸었다.
☐ 신라   ☐ 소라

2 법흥왕 때는 이차돈의 순교로 (ㅂㄱ)를 받아들였다.
☐ 빙고   ☐ 불교

14 신라의 전성기를 가져온 진흥왕은 누구일까요?

참쌤 동영상

6세기 중반 진흥왕이 즉위하면서 신라는 한반도의 주도권을 잡게 되었어. 진흥왕은 지금은 불에 타서 없어진 황룡사를 지으면서 불교의 힘으로 왕실의 안녕을 빌었어. 또 뛰어난 인재를 키우기 위해 화랑도를 새롭게 만들었지.

신라의 세력 확장에 큰 힘이 되었던 것은 젊고 능력 있는 인재를 길러 내기 위해 만든 화랑도였어. 화랑도는 귀족 출신의 청소년 중에 선발된 화랑과 이를 따르는 낭도들이 무예와 사회 규칙을 익혔던 인재 집단이었단다.

진흥왕은 고구려에 함께 대항하기 위해 백제와 맺었던 동맹을 깨고 백제가 차지한 한강 하류 지역을 빼앗았어. 그 결과 한강 유역의 비옥한 토지를 확보하고 바닷길을 열어 중국과 직접 교류할 수 있게 되었지.

진흥왕 순수비로 북한산비 이외에도 황초령비, 마운령비, 창녕비 등이 세워졌어.

남쪽으로는 대가야를 정복하여 가야 연맹을 멸망시켰고 북쪽으로는 고구려를 공격하여 함경도 지방까지 영토를 넓혔어. 그리고 한반도 곳곳에 진흥왕의 업적을 기리는 진흥왕 순수비와 단양 신라 적성비를 세웠어.

진흥왕은 거칠부에게 역사서인 『국사』를 쓰게 하여 왕의 권위를 높이고 신라를 발전시켜 삼국 간의 경쟁에서 주도권을 잡는 데 큰 역할을 했어.

● 멸망(滅 꺼질 멸, 亡 망할 망) 망하여 없어짐.
● 순수비(巡 돌아다닐 순, 狩 정벌할 수, 碑 비석 비) 임금이 살피어 돌아다닌 곳을 기념하기 위해 세운 비석.

▲ 북한산비

▲ 진흥왕 때 신라의 영토(6세기)

진흥왕 순수비
신라의 최대 영역
고구려
평양
동해
황해
신라
사비
금성
백제

▲ 단양 신라 적성비

참쌤이 들려주는

역사 이야기 불타 없어진 황룡사는 어떤 모습이었을까요?

황룡사는 신라의 진흥왕 때 경주 월성 동쪽에 지어진 절이에요. 원래는 그곳에 왕궁을 세우려고 했는데 공사 도중에 황룡이 나타나 하늘로 올라가는 모습을 보고 절을 대신 지었다는 이야기가 전해져요.

무려 17년 동안 지어진 황룡사는 약 80m 높이의 황룡사 9층 목탑과 크기 4~5m 정도의 거대한 불상 등이 모셔져 있는 사찰이었어요. 하지만 황룡사는 고려 시대 때 몽골의 침입으로 불에 타버린 뒤로는 지금은 안타깝게도 터만 남아있어요.

▲ 황룡사 9층 목탑(모형)

신라의 전성기와 진흥왕의 업적

정답 197쪽

뛰어난 인재 양성 '화랑도'

진흥왕은 젊고 능력 있는 청소년들의 모임이었던 화랑도를 국가적인 조직으로 만들어 (❶   )를 기르고자 했어요.

역사서 편찬과 황룡사 건립

거칠부로 하여금 역사서인 『국사』를 만들도록 하고, 왕실의 권위를 세우고 나라의 안녕을 빌기 위해 (❷   )를 지었어요.

끊임없는 영토 확장

진흥왕은 적극적으로 영토 확장에 나서 백제의 (❸   ) 유역을 차지하고 대가야를 정복했으며 고구려 영토인 함경도까지 진출하였어요.

초성 Quiz

1 진흥왕은 나·제 동맹을 깨고 (ㅂㅈ)의 한강 하류 지역을 빼앗았다.
   ☐ 백제   ☐ 반지

2 진흥왕은 인재를 기르기 위해 (ㅎㄹㄷ)를 국가적인 조직으로 만들었다.
   ☐ 화랑대   ☐ 화랑도

2. 삼국의 성장과 발전 **75**

15 삼국 시대 사람들은 어떤 모습으로 살았을까요?

참쌤 동영상

삼국 시대 사람들은 태어나면서부터 신분이 정해져 있었어.

나라를 세울 때 공을 세우거나 다른 나라와의 전쟁에서 공을 세운 사람들은 '귀족'이라는 신분을 가질 수 있었지.

귀족은 대대로 신분을 물려받으면서 나랏일을 책임지는 관리가 되고, 수많은 토지와 노비를 가질 수 있었단다. 또한 넓고 좋은 집에서 살며 좋은 음식을 먹었어. 귀족들의 관직의 높고 낮음에 따라 옷의 색깔이나 살고 있는 집의 크기가 다르기도 했어.

귀족   평민   노비

일부 귀족 이외에 대부분의 사람들은 '평민'이었어. 평민들은 농사를 짓거나 고기를 잡으면서 나라에 세금을 바쳤단다. 주로 보리나 조 같은 곡식을 먹고 베로 만든 거친 옷을 입었지. 그리고 전쟁이 나거나 성벽을 쌓는 일 등이 생기면 군인이나 노동자로 일을 해야 했어.

평민보다 더 낮은 신분으로 힘든 삶을 살았던 사람들은 '노비'였단다. 노비는 전쟁에서 잡힌 전쟁 포로이거나 죄를 지은 사람이었어. 노비는 귀족이 가진 땅에서 대신 농사짓거나 귀족의 집에서 허드렛일을 하면서 살았어. 이들은 주인이 소유한 물건으로 여겨져 사고 팔리기도 했어.

당시 사람들도 김치를 먹었다고 해. 물론 지금처럼 고춧가루를 사용한 김치가 아니라 무를 소금에 절인 음식이었어.

● **포로**(捕 사로잡을 **포**, 虜 포로, 종 **로**) 전쟁에서 사로잡은 적.
● **허드렛일** 중요하지 않고 귀하지 않은 일.

▲ **신라의 집 모양 뼈 항아리** 당시 사람들이 살던 집의 모습을 짐작해 볼 수 있어요.

▲ **고구려 무용총 벽화의 접객도** 신분의 높고 낮음에 따라 사람의 크기를 다르게 나타냈어요.

 참쌤이 들려주는

역사 이야기 신라 사회를 지배한 골품제

신라에서는 뼈에 등급을 매긴다는 뜻을 가진 '골품제'를 신분 제도로 사용했어요. 성골과 진골은 왕족으로 높은 관직까지 올라갈 수 있었고, 그 밑으로 6에서 1까지 두품을 나누었는데 보통 3~1두품은 평민이고, 노비는 품계가 없었어요. 6두품은 학문과 종교 분야에서 활동하는 경우가 많았어요.

골품제에 따라 올라갈 수 있는 관직이 제한되어 있었고, 입을 수 있는 옷감의 종류, 수레의 크기, 집의 크기 등 세세한 것까지 정해 놓았어요.

정답 19쪽

비주얼 씽킹 삼국 시대 사람들의 생활 모습

귀족

귀족은 나랏일을 책임지는 높은 지위의 관리가 될 수 있었고, 수많은 토지와 (❶   )를 가질 수 있었어요. 또한 비단옷을 입고 넓고 좋은 집에서 살았어요.

평민

평민은 농사를 짓거나 고기를 잡으면서 나라에 (❷   )을 바쳤어요. 주로 보리나 조 같은 곡식을 먹고 베로 만든 거친 옷을 입었어요.

노비

노비는 왕이나 귀족이 가진 땅을 대신 농사짓거나 그들의 집에서 (❸   )을 하면서 살았어요. 노비는 돈을 내고 사고 팔리기도 하였어요.

  초성 Quiz

1 (ㄱㅈ)은 나랏일을 책임지는 관리가 될 수 있었고 넓고 좋은 집에서 살았다.

☐ 귀족   ☐ 간장

2 (ㅍㅁ)은 농사를 지어 생활하고 전쟁에 나가거나 나랏일에 불려가 힘든 일을 해야 했다.

☐ 피망   ☐ 평민

16 가야는 어떻게 성장하고 멸망하였을까요?

참쌤 동영상

한반도에 고구려, 신라, 백제가 세력을 형성하고 발전할 무렵 낙동강 유역의 변한 지역에는 철기 문화를 바탕으로 여러 나라가 가야 연맹을 형성했어. 먼저 가야 연맹을 이끈 나라는 금관가야였어. 금관가야는 질 좋은 철을 많이 생산하였고, 낙랑과 왜 사이에 중계 무역을 하며 성장할 수 있었어.

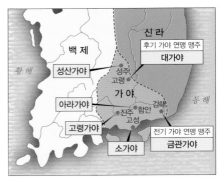

▲ 가야 연맹을 구성했던 6개 나라의 위치

하지만 4세기 초부터 금관가야는 중계 무역이 어려워지면서 세력이 약해졌고 가야 연맹을 이끌 수 있는 힘이 떨어졌어. 이후 신라의 요청을 받은 고구려의 공격으로 금관가야는 큰 피해를 입었고 가야 연맹은 더욱 약화되었어.

5세기 후반에는 대가야가 가야 연맹을 이끌었어. 대가야는 질 좋은 철을 생산하였고, 농업이 크게 발달하였어. 한때 대가야는 백제의 영토 일부까지 세력을 확대하고, 중국의 남조에 사신을 보내고 일본과 교류를 하기도 했어.

하지만 강력한 왕권을 바탕으로 하나의 나라로 성장할 수 없는 연맹이었기 때문에 힘을 키우지 못하고 백제와 신라의 공격을 끊임없이 받았단다. 결국 562년에 신라 진흥왕에 의해 대가야가 멸망하면서 가야 연맹은 사라지게 돼. 이후 일본으로 건너간 가야 사람들은 일본 문화 발전에 영향을 주기도 했어.

● **중계 무역** 다른 나라로부터 사들인 물자를 그대로 또 다른 나라로 수출하는 무역.
● **사신**(使 시킬 사, 臣 신하 신) 임금이나 국가의 명령을 받고 외국에 사절로 가는 신하.

가야의 풍부한 철 생산과 제철 기술

▲ 덩이쇠   ▲ 철제 판갑옷

덩이쇠는 화폐처럼 이용되기도 했고, 판갑옷은 몇 겹의 얇은 철판을 이어 만든 갑옷이야.

참쌤이 들려주는

역사 이야기 일본이 한 때 가야 땅을 점령했었다고?

일부 일본의 학자들은 일본이 4세기에서 6세기 동안 가야 지역을 포함한 한반도 남쪽에 '일본부'라는 기구를 세워서 가야 땅을 점령했었다고 역사를 왜곡하고 있어요. 일본의 역사책인 『일본서기』와 『고사기』에 보면 이러한 내용이 적혀 있는데 일본 왕실을 찬양하기 위해 왜곡된 내용이에요. '일본'이라는 나라 이름은 7세기 이후에 사용된 것으로 가야가 있었던 시기와 맞지 않아요. 또한 한국이나 중국의 기록에는 이러한 내용이 나와 있지 않아서 대부분의 학자들은 사실이 아니라고 생각해요.

정답 197쪽

비주얼 씽킹

가야 연맹의 성장과 멸망

연맹 국가 형성

가야 연맹은 금관가야와 (❶   )를 중심으로 6개의 나라들로 이루어져 있었어요. 시기마다 연맹을 주도적으로 이끌었던 나라가 있었지만 하나의 나라로 합쳐지지는 않았어요.

우수한 철기 문화

가야 연맹에서는 질 좋은 (❷   )이 많이 생산되었고 주변 다른 나라에 철을 수출하기도 하였어요.

낙랑

왜

성장의 한계와 멸망

가야 연맹은 힘을 하나로 모으지 못하였고 백제와 신라 사이에서 세력을 넓히기 어려웠어요. 결국 (❸   )의 진흥왕에 의해 가야 연맹은 멸망하였어요.

초성 Quiz

1 (ㅂㅎ) 지역에는 철기 문화를 바탕으로 가야 연맹이 형성되었다.

☐ 변한   ☐ 발해

2 가야 연맹에서는 질 좋은 (ㅊ)이 생산되어 다른 나라에 수출하기도 하였다.

☐ 철   ☐ 춤

진흥왕이 백제와의 동맹을 깬 까닭은 무엇일까요?

인물 알기

- 살았던 때: 534년~576년
- 직업: 신라 제24대 왕(540년~576년)
- 가족 관계: 지증왕의 손자이자 불교를 처음 받아들인 법흥왕의 조카로 법흥왕의 동생 입종 갈문왕과 법흥왕의 딸 지소부인 사이에서 태어남.

관련 키워드

\# 정복 군주   \# 화랑도   \# 진흥왕 순수비   \# 나 · 제 동맹   \# 관산성 전투

인물 평가하기

신라 진흥왕 "나는 신라의 전성기를 이끈 훌륭한 왕이다."

나는 신라의 제24대 진흥왕이란다. 앞선 왕들이 닦아놓은 나라의 기틀을 바탕으로 백제와 손을 잡고, 고구려를 공격하여 삼국의 중요 지역인 한강 유역을 차지할 수 있었지. 그리고 나는 나라를 위해서 과감하게 백제와의 오랜 동맹을 깨뜨리고 백제를 공격하여 한강 유역을 우리 신라의 손에 넣을 수 있었어. 우리는 고구려와 백제의 비약적인 발전을 바라보고만 있을 수는 없었어. 나는 이참에 대가야를 공격하여 항복을 받아내고, 북으로는 고구려 지역을 공격하여 영토를 넓혔단다. 백제에서는 동맹을 깬 배신자라고 비난할지 몰라도 나는 신라의 영웅으로 기록될 거야!

백제 성왕 "진흥왕은 나 · 제 동맹을 깬 배신자이다."

나는 백제의 성왕이야. 우리는 한강 유역에 나라를 세워 500년 가까이 한성을 떠나본 적이 없었지. 그러나 고구려의 공격으로 결국 한강 유역을 빼앗기고 웅진을 거쳐 이곳 사비에서 다시 힘을 키우고 있었어. 신라 진흥왕과 함께 기회를 엿보다가 고구려를 쳐서 그토록 바랐던 한강 유역을 다시 손에 넣었지만, 배신자 진흥왕의 욕심은 끝이 없었어. 진흥왕은 오랫동안 이어온 동맹을 단번에 깨고 한강 유역을 차지하더니 관산성 전투 때는 기습 공격을 해서 나를 죽인 후에 시신을 백제에 돌려주지 않고 신라 왕궁 계단 밑에 묻어버리기까지 했단다. 진흥왕은 백제의 배신자이자 원수로 영원히 역사가 기억할 것이야!

- ● **비약** 지위나 수준이 갑자기 빠른 속도로 높아지거나 향상됨.
- ● **기습(襲** 기이할 **기, 襲** 덮칠 **습)** 적이 생각하지 않았던 때에 갑자기 들이쳐서 공격함.

다음 자료를 보고, 빈칸에 들어갈 알맞은 내용을 쓰세요.

나·제 동맹을 깨뜨리고 (❶   )의 한강 유역을 빼앗았어요.

(❷   )를 조직하여 인재 양성에 힘썼어요.

관산성 전투에서 백제의 (❸   )을 죽이고 백제군을 물리쳤어요.

활발한 정복 전쟁을 통해 (❹   )를 넓히고 나라를 발전시켰어요.

성왕의 시신을 백제에 돌려주지 않고 신라 왕궁 계단 밑에 묻기까지 했어요.

역사서를 편찬하고 (❺   )를 지으며, 왕의 권위를 높이기 위해 노력했어요.

진흥왕의 두 얼굴

만약 진흥왕이 나·제 동맹을 지키고 한강 유역을 포기했다면 신라는 어떻게 되었을지 자신의 생각을 써 보세요.

17 삼국의 종교와 학문의 특징은 무엇일까요?

참쌤 동영상

우리나라에서 한자는 언제부터 사용되었을까? 우리나라에서는 한자가 쓰인 철기 시대 유물이 발견되기도 했는데 아마 고조선에서도 한자가 쓰였으리라 짐작하고 있어. 한반도에 한자가 널리 퍼지게 된 것은 삼국이 국가 체제를 정비하면서부터야. 중국과 가까운 고구려는 일찍부터 한자를 접할 수 있었어.

중국으로부터 한자 수용과 함께 중국의 종교와 학문 등이 삼국으로 들어왔어. 삼국은 왕권을 강화하고 국가의 안녕과 발전을 기원하기 위해 불교를 받아들였어. 그리고 삼국은 거대한 불교 사찰을 짓고 나라의 안녕을 바라는 법회를 열기도 했어.

임신서기석에 담긴 내용
임신년 6월 16일에 두 사람이 함께 맹세해 기록한다. (중략) 시·상서·예기·전을 차례로 배우기를 맹세하고, 3년을 기한으로 하였다.

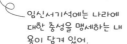

임신서기석에는 나라에 대한 충성을 맹세하는 내용이 담겨 있어.

▲ 신라의 임신서기석
(국립 경주 박물관)

불교와 함께 중국의 유교도 삼국에 전해졌어. 고구려는 수도에 태학을 설치하여 유교 경전과 역사서를 가르쳤고, 지방에는 경당을 설치하여 평민들에게도 유교와 무예를 가르치도록 했어. 백제는 박사 제도가 있었는데 이중 오경박사가 유교 경전을 가르쳤어. 신라의 임신서기석에는 청소년들이 유교 경전을 공부하였음을 알 수 있는 내용이 담겨 있기도 해.

또한 삼국은 저마다 역사서를 지어 왕실의 권위를 높이고 나라의 역사를 남기고자 했단다. 고구려는 영양왕 때 『신집』 5권을 만들었고 백제는 근초고왕 때 『서기』, 신라는 진흥왕 때 『국사』를 각각 지었어.

유교 경전

● **수용**(受 받을 **수**, 容 받아들일 **용**) 어떠한 것을 받아들이는 것.
● **법회** 불교에서 가르침의 뜻을 알리고자 여는 모임.
● **경전**(經 글 **경**, 典 법 **전**) 종교의 원리나 이치를 적은 책.

역사 이야기 삼국으로 전파된 도교의 흔적

도교(道敎)는 산이나 하천 등의 자연을 숭배하는 민속 종교와 죽지도 늙지도 않는
신선 사상이 결합된 종교이자 학문이에요.
삼국 중 고구려는 도교를 적극적으로 권장하였고 신라와 백제는 사람들 사이에서
자연스럽게 도교가 퍼져 나갔어요. 삼국 시대 사람들은 도교의 영향을 받아 신화의
대상을 무덤의 벽에 그려 넣거나 자연과 더불어 사는 신선의 모습을 표현한 장식물
을 남기기도 했어요.

▲ 백제 산수무늬 벽돌
(국립 중앙 박물관)

비주얼 씽킹! 삼국의 종교와 학문

정답 197쪽

종교와 학문의 유입

삼국 시대에는 중국으로부터 (❶   )와 다양한 종교, 학문이
전해졌어요. 삼국은 중국의 종교와 학문을 받아들이고 이를 통해
나라를 발전시키고자 노력했어요.

불교의 수용

삼국은 적극적으로 (❷   )
를 받아들여 국가의 안녕을 빌고
왕권을 강화하는 도구로 사용했
어요.

유교 연구와 역사서 편찬

삼국은 인재를 키우기 위해 (❸   )를 가르쳤으며, 왕실의
권위를 높이기 위해 역사서를 만들었어요.

초성 Quiz

1 삼국은 불교를 받아들여 나라의 안녕을
기원하고 (ㅇㄱ)을 강화하였다.
□왕권   □임금

2 백제의 박사 제도 중 (ㅇㄱ)박사는 유교
경전을 가르쳤다.
□오경   □야구

삼국의 과학과 기술의 발달은 어떠했을까요?

참쌤 동영상

첨성대 정상에는 우물 정(井)자 모양의 돌이 있는데, 이곳에 앉거나 누워서 하늘을 관찰하기에 편리하였다고 해.

▶ **천문학** 우주 전체에 관한 연구 및 우주 안에 있는 여러 천체에 관한 연구를 하는 과학 분야.

▶ **흉년** 농작물이 예년에 비하여 잘되지 않아 굶주리게 된 해.

삼국 시대에 살던 사람들은 밤하늘을 수놓은 별들을 보며 무엇을 떠올렸을까? 기록에 따르면 삼국은 각각 ▶천문학을 담당하는 관리가 있었어. 삼국은 왕의 권위를 하늘에 연결시키고, 농업 기술을 발전시키기 위해 낮과 밤의 길이나 해와 달, 별의 움직임을 관찰하고 계절에 따른 하늘의 변화를 연구했어. 이를 통해 씨를 뿌리거나 수확하는 시기를 정하고, ▶흉년을 피할 수 있는 방법을 연구했어. 경주에 있는 첨성대는 신라 시대에 세워진 동양에서 현존하는 가장 오래된 천문대야.

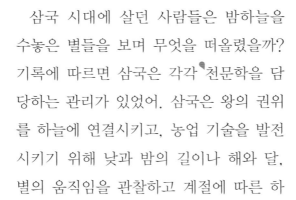

고구려는 별자리를 그린 천문도를 만들었고, 고분 벽화에 별자리 그림을 남기기도 했어.

삼국과 가야에서는 금속 공예 기술도 발달하여 금을 얇게 펴고 세밀한 모양을 만들거나 구멍을 뚫어 화려한 금관이나 금 장식품을 만들었어. 다양한 특징을 가진 금속 공예품은 왕의 무덤이나 사찰, 마립간 왕궁터 등의 유적지에서 유물로 발견되었어.

가야 연맹에서는 지역에서 생산되는 질 좋은 흙을 이용하여 토기를 만들었어. 뛰어난 토기 제작 기술로 다양한 토기가 만들어졌고, 토기 제작 기술을 일본에 전파하기도 하였어.

백제
백제 금동 대향로 ▶
(충남 부여)

고구려
▲ 맞새김무늬 꾸미개

신라
▲ 새 모양 관 꾸미개
(국립 경주 박물관)

가야
▲ 오리 모양 토기
(국립 중앙 박물관)

참쌤이 들려주는
역사 이야기 역학과 수학의 원리가 적용된 첨성대

신라의 첨성대는 당시 뛰어난 건축 기술로 지어진 문화재예요. 첨성대에 사용된 돌의 개수는 모두 362개로 음력으로 따진 일 년의 날 수와 같고, 그 돌로 쌓은 층의 수는 아래부터 창이 있는 중간까지 12단, 창의 윗부분부터 꼭대기까지 다시 12단으로 각각 일 년 열두 달과 24절기를 나타내요. 첨성대는 하늘의 변화를 파악하는 천문대의 역할뿐만 아니라 당시 선덕 여왕이 귀족들로부터 자신의 권위를 세우고 백성의 살림을 살피겠다는 뜻을 담은 건축물이에요.

삼국의 과학과 기술 발달

정답 197쪽

태양과 달, 별의 움직임을 보고 날씨와 계절의 변화를 연구했어.

천문학의 발달

삼국은 농업을 발전시키고 왕의 권위를 높이기 위해 해와 달, 별의 움직임을 관찰하는 천문학을 연구하였어요.
신라의 선덕 여왕은 동양에서 현존하는 가장 오래된 천문대인 (❶   )를 설치하였고 고구려에서는 별자리를 그린 천문도를 만들었어요.

공예 기술의 발달

삼국과 가야는 저마다 금속을 다루는 기술을 발전시켜 다양한 금속 공예품을 만들었어요. 또한 (❷   ) 연맹에서는 예부터 토기 제작 기술이 발달하여 다양한 모양의 토기를 만들었으며, 일본의 토기 문화에 영향을 주었어요.

초성 Quiz

1 동양에서 현존하는 가장 오래된 천문대는 (ㅊㅅㄷ)이다.

☐ 추석대   ☐ 첨성대

2 가야 연맹에서는 질 좋은 흙을 이용하여 다양한 형태의 (ㅌㄱ)를 제작했다.

☐ 토기   ☐ 토굴

19 삼국의 무덤에서는 무엇이 발견되었을까요?

참쌤 동영상

삼국의 고분은 나라와 시대에 따라 다양한 모습을 가지고 있어. 특히 무덤에서 발견된 벽화나 껴묻거리를 통해 각 나라와 시대의 문화 특징과 예술성을 비교할 수 있어.

고구려는 처음에는 돌을 쌓아 올려 만든 돌무지무덤을 만들었는데 나중에는 넓은 판 모양의 돌이나 깬돌로 방을 만든 굴식 돌방무덤을 만들었단다. 굴식 돌방무덤인 고구려의 무용총에는 다양한 벽화가 그려져 있어. 벽화를 보면 당시 고구려 사람들의 진취적인 기상과 생활 모습을 살펴볼 수 있지.

백제는 계단식 돌무지무덤을 많이 만들었어. 공주 무령왕릉은 다른 무덤과 달리 내부를 벽돌로 차곡차곡 쌓아 만들었어. 무령왕릉에서는 금으로 만든 화려한 장신구들이 많이 출토되어 백제 사람들의 솜씨를 엿볼 수 있어.

●**고분(古** 옛 **고, 墳** 무덤 **분)** 옛날에 만들어진 무덤 중 역사적 자료가 될 수 있는 묘.
●**껴묻거리** 죽은 사람의 장례를 치를 때 시신과 함께 묻는 여러 가지 물건들.

신라는 매우 큰 규모의 봉분을 가진 돌무지덧널무덤과 굴식 돌방무덤을 만들었어. 돌무지덧널무덤은 나무덧널로 방을 만들고 그 위에 돌을 쌓은 후에 흙을 덮어서 만든 거야. 신라의 도읍이었던 경주에서 그때 만들어진 수많은 고분들을 볼 수 있단다. 신라의 천마총과 금관총에서는 금으로 만든 화려한 장신구들이 유물로 발견되었어.

삼국의 고분 유물

▲ 고구려 무용총 수렵도

▲ 신라 금관총 금관

△ 백제 무령왕릉 무령왕 금귀걸이

오랜 기간 동안 신라의 도읍이었던 경주에는 작은 언덕처럼 생긴 고분을 많이 볼 수 있어!

참쌤이 들려주는

역사 이야기 인면조는 어떤 존재일까?

평창올림픽 개막식 공연에 등장했던 인면조를 알고 있나요? 인면조는 얼굴은 사람의 모습이고 몸은 목이 긴 새의 모습을 하고 있어요. 고구려의 무용총 벽화와 덕흥리 고분, 백제의 백제 금동 대향로 등에서 인면조를 찾아볼 수 있어요. 옛날 사람들은 인면조가 천 년을 사는 동물이라고 믿었어요. 그래서 오래 살고 싶은 마음을 담아 벽화나 예술 장식품에 인면조의 모습을 넣었던 거예요. 또, 하늘과 땅을 자유로이 오갈 수 있기 때문에 하늘과 땅을 이어 주는 존재로 여겨지기도 했어요.

비주얼 씽킹

삼국의 다양한 고분

정답 197쪽

삼국 시대의 다양한 고분의 모습

굴식 돌방무덤

굴식 돌방무덤은 돌을 깎아 돌방을 만든 뒤 위를 흙으로 쌓아 봉분을 만든 것으로 고구려의 고분 벽에는 다양한 (❶   )가 그려져 있어요.

벽돌무덤

백제는 초기에는 계단식 돌무지무덤을 많이 남겼으며, 공주 (❷   )과 같이 중국의 영향을 받아 벽돌을 쌓아 만든 벽돌무덤도 볼 수 있어요.

돌무지덧널무덤

(❸   )에서 주로 만든 돌무지덧널무덤은 시신을 모신 널을 또 다른 나무 덧널에 넣고 그 위에 돌을 쌓은 후 흙으로 덮어 만든 무덤으로 경주에 많이 남아 있어요.

고분에서 발견된 벽화와 꺼묻거리

삼국 시대 사람들은 죽은 후에도 다른 세계가 있다고 믿고 죽은 사람을 위한 공간으로 무덤을 특별하게 생각했어요. 고분에 왕을 위한 다양한 벽화와 꺼묻거리 등을 남겨 삼국의 (❹   ) 특징을 살펴볼 수 있어요.

초성 Quiz

1 (ㄱㅂ)은 옛날에 만들어진 무덤을 뜻한다.
  □고분   □가방

2 오늘날 (ㄱㅈ)에서는 신라에서 만든 돌무지덧널무덤을 많이 볼 수 있다.
  □경주   □감주

20

삼국이 남긴 불교 유산은 무엇일까요?

참쌤 동영상

삼국은 시기는 다르지만 모두 불교를 받아들였어. 그리고 오랫동안 불교는 왕권 강화와 국가의 안녕을 비는 중심 역할을 해 왔어. 이 과정에서 각 나라마다 사찰과 석탑을 세우고 불상을 만드는 등 불교 예술이 크게 발달할 수 있었어.

고구려는 삼국 중 먼저 불교를 받아들이고, 다양한 불교 예술품을 만들었어. 고구려의 금동 연가 7년명 여래 입상은 언제 만들어졌는지 알 수 있는 가장 오래된 불상이야. 몸에서 나오는 빛을 나타낸 광배와 친근한 미소가 특징이지.

안타깝게도 현재 고구려의 불탑은 남아 있는 것이 없고, 문헌을 통해서만 그 형태를 추측하고 있어.

부처님의 인자하고 부드러운 얼굴은 당시 백제 사람들의 모습을 닮지 않았을까?

백제의 대표적인 불교 유산으로는 정림사지 5층 석탑과 미륵사지 석탑, 서산 마애 여래 삼존상 등이 있어. 석탑에는 백제 사람들의 세련된 조형미가 잘 표현되어 있어. 백제의 미소라고 불리는 서산 마애 여래 삼존상은 화강암 절벽에 새겨져 있어.

▲ 백제의 서산 마애 여래 삼존상(충남 서산)

신라는 도읍인 경주에 많은 사찰을 짓고 탑을 세웠어. 진흥왕은 황룡사를 지었고 선덕 여왕 때에는 황룡사에 9층 목탑을 세웠으나 지금은 전해지지 않아. 분황사 모전 석탑은 벽돌 모양으로 다듬은 돌을 쌓아 만든 것이 특징이야.

♦ 화강암 뜨거운 마그마가 땅 속 깊은 곳에서 식어서 만들어진 암석.

삼국의 불교 예술은 중국의 영향을 받기도 했지만 이후 삼국마다 다양한 모습으로 발전하여 불교문화를 꽃피웠어.

신라

◀ 분황사 모전 석탑 (경북 경주)

▼ 미륵사지 석탑(복원 전, 전북 익산)

백제

백제

정림사지 ▶ 5층 석탑 (충남 부여)

역사 이야기 금동 연가 7연명 여래 입상

고구려의 금동 연가 7연명 여래 입상의 광배(光背) 뒷면에 남아있는 글에 따르면 이 불상은 539년 평양 동사(東寺)의 승려들이 세상에 널리 퍼뜨리고자 만들었던 천 개의 불상 가운데 29번째 것이라고 해요.

당시 승려들은 어떻게 천 개나 되는 불상을 만들었고, 왜 불상들을 세상에 널리 퍼뜨리려고 했을까요? 흥미로운 것은 이 불상이 고구려의 영토가 아닌 옛 신라 지역인 경상남도 의령 지방에서 발견되었다는 점이에요.

삼국의 불교 문화

정답 191쪽

고구려

삼국에서 불교 예술이 발전하면서 (❶   ), 사찰, 석탑 등이 만들어졌어요. 고구려에서는 광배 표현과 친근한 미소가 특징인 금동 연가 7년명 여래 입상을 만들었어요.

9층까지 튼튼하게 지어야하네!

백제

백제에는 미륵사지 석탑과 정림사지 5층 석탑 등이 남아 있으며 삼국의 석탑 중 규모가 크고 예술성이 뛰어나다는 평가 받고 있어요.

신라

신라의 선덕 여왕 때 지은 거대한 (❷   ) 9층 목탑은 현재 남아 있지 않지만 당시 뛰어난 신라의 건축 기술을 알 수 있어요.

중국

불교 수용

고구려

백제 신라

가야

초성 Quiz

1 서산 마애 여래 삼존상은 그 미소가 인자해서 (ㅂㅈㅇ ㅁㅅ)라고도 불린다.
☐ 백제의 명소   ☐ 백제의 미소

2 삼국의 불교 문화는 초기 (ㅈㄱ)의 영향을 받았지만 독창적으로 발전하였다.
☐ 조국   ☐ 중국

21

삼국은 다른 나라와 무엇을 교류했을까요?

참쌤 동영상

옛날에는
중국의 서쪽에 있는
나라들을 모두
서역이라고 불렀어.

삼국은 주변의 나라들과 전쟁만 했던 것이 아니라 무역을 하거나 사신을 보내는 등 다양한 방법으로 교류를 했어.

고구려는 북조의 문화와 제도 등을 받아들이고 바다를 통해 남조와도 교류하였어. 또한 중국을 넘어 중앙아시아 등 서역과도 교류한 흔적이 남아 있는데 고구려 각저총의 벽화에는 우리와 다른 생김새의 서역인의 모습이 그려져 있어. 그리고 우즈베키스탄의 아프라시아브 궁전 벽화에는 고구려 사신으로 추측되는 사람들의 모습이 그려져 있어서 옛날부터 서역과도 교류가 있었음을 짐작할 수 있어.

고구려와 서역 친선 씨름 대회

교류(交 사귈 **교**, 流 흐를 **류**) 문화나 사상 등이 서로 통함.

백제는 황해를 건너 요서 지방으로 진출하기도 하였고, 중국의 동진, 남조와 활발하게 교류하였어. 백제 금동 대향로에는 당시 우리나라에서 볼 수 없었던 코끼리의 모습이 새겨져 있어 다양한 나라와 교류했다는 것을 알 수 있지.

신라는 초기에 고구려를 통해 중국 문물을 접하다가 한강 유역을 차지하면서 중국의 문화를 직접 받아들일 수 있었어. 경주의 괘릉에는 석상들이 있는데 그 중 무인상의 생김새는 서역인의 특징을 가지고 있단다.

이처럼 삼국은 중국과 서역의 다양한 문화를 받아들여 독자적인 문화를 발전시켰으며, 이를 다시 일본에 전파하는 역할을 하기도 했어.

장식 보검 ▶
(경주 국립 박물관)

경주에서 출토된 것으로 중앙 아시아에서 전해 온 것으로 보여.

큰 코와 부리부리한 눈, 곱슬머리 등

▲ 경주 괘릉 석상(경북 경주)

참쌤이 들려주는

역사 이야기 서역에서 온 물건들의 유행

『삼국사기』에는 신라 흥덕왕 때 귀족들에게 사치 금지법을 내렸다는 기록이 남아 있어요. 목수건을 짤 때 비취모(캄보디아에서 동물의 털로 짠 실)를 사용할 수 없고, 머리빗과 모자에 슬슬전(타슈켄트가 원산지인 푸른 빛의 보석)을 쓸 수 없도록 했어요. 이 같은 내용을 보면 일부 왕족들뿐만 아니라 귀족들도 서역에서 들여온 물건들을 사치품으로 사용하는 것이 크게 유행했다고 짐작할 수 있어요.

삼국의 대외 교류

정답 197쪽

고구려는 (❶   )의 문화를 받아들이고 바다를 통해 남조와도 교류했으며, 중국을 넘어 서역과도 교류했어요.

신라는 (❷   )을 차지하면서 직접 중국과 교류할 수 있었어요.

백제는 황해를 건너 (❸   )으로 진출하였고 중국의 동진, 남조와 활발하게 교류하며 문화를 발전시켰어요.

중국
서역
고구려
백제 신라
가야

초성 Quiz

1 고구려 (ㄱㅈㅊ)의 벽화에는 서역인의 모습이 그려져 있다.
 □고전총   □각저총

2 삼국은 중국과 (ㅅㅇ)의 다양한 문화를 받아들였다.
 □서역   □서울

22 한반도의 나라들은 일본에 어떤 도움을 주었을까요?

참쌤 동영상

▲ 금동 미륵보살 반가 사유상(한국)

▶ 고류 사 목조 미륵보살 반가 사유상(일본)

두 불상에 나타난 부처의 온화하고 신비로운 미소가 정말 비슷해!

위 두 불상의 모습을 보면 한쪽 다리를 다른 쪽 다리 위에 걸치고, 한쪽 손으로 턱을 괸 채 생각에 잠긴 미륵보살의 형태가 정말 비슷하지? 왼쪽은 우리나라의 삼국 시대에 금동으로 만든 불상이고, 오른쪽은 일본에서 발견된 목조 불상이야. 신라에서 만들어져 일본에 주었다는 이야기도 있고 신라에게 불상을 만드는 기술을 배워 일본에서 만들었다는 이야기도 있어. 이처럼 오래 전부터 삼국과 가야는 일본에 다양한 문화와 기술을 전파하는 역할을 했어.

고구려는 일본에 종이 만드는 법을 전하고 불교와 미술에 영향을 주었어. 백제는 일본과 긴밀하게 교류하며 불교와 회화 기술을 전했어. 또한 백제의 아직기와 왕인은 다양한 학문을 일본에 전해 주었어. 신라는 배 만드는 기술과 축제술을 일본에 전해 주었고, 가야의 토기 제작 기술은 일본의 스에키 토기에 영향을 주었어.

● **전파**(傳 전할 **전**, 播 퍼뜨릴 **파**) 전하여 널리 퍼뜨림.
● **축제술**(築 쌓을 **축**, 堤 제방 **제**, 術 방법 **술**) 둑이나 제방을 쌓는 기술.

▶ 일본 호류사에 있는 백제 관음상

▲ 가야의 토기

▲ 일본의 스에키 토기

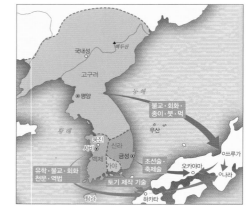
▲ 삼국 문화의 일본 전파

역사 이야기 참쌤이 들려주는 백제의 아직기와 왕인

일본의 『일본서기』, 『고사기』에 등장하는 아직기는 백제의 근초고왕이 일본에 보낸 백제의 사신이었어요. 아직기의 학문이 뛰어나다는 사실을 알게 된 일왕은 아직기를 일본 태자의 스승으로 모셨어요.

일왕은 아직기에게 스승을 한 명 더 추천해달라고 하였는데, 아직기가 추천한 사람이 왕인이었어요. 왕인은 논어와 천자문 등을 가져가 일본 태자를 가르쳤고, 다른 신하들에게도 지식을 나누어 주었어요.

 비주얼 씽킹 **삼국과 가야의 일본과의 교류**

정답 197쪽

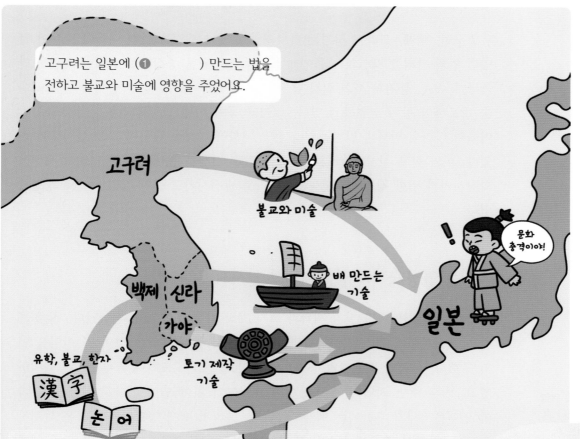

고구려는 일본에 (❶   ) 만드는 법을 전하고 불교와 미술에 영향을 주었어요.

불교와 미술

배 만드는 기술

토기 제작 기술

유학, 불교, 한자

漢字

논어

문화 충격이야!

(❷   )는 일본과 긴밀히 교류하며 다양한 분야의 학문과 기술을 전파하였어요.

신라는 배 만드는 기술, 축제술 등을 전하였으며, 가야의 토기 제작 기술은 일본의 (❸   )에 영향을 주었어요.

초성 Quiz

1 삼국 중 (ㅂㅈ)는 일본과 가장 긴밀히 교류하였다.
  ☐ 박쥐   ☐ 백제

2 (ㄱㅇ)의 토기 제작 기술은 일본의 스에 키 토기에 영향을 주었다.
  ☐ 고유   ☐ 가야

가야 연맹 – 중앙 집권 국가로 끝내 성장하지 못한 한계

나라 알기

- 나라 이름: 가야 연맹
- 건국과 멸망: 금관가야, 대가야 등 가야의 여섯 국가의 연맹으로 시작하여 562년 대가야가 신라에 패하여 멸망함.
- 위치: 옛 변한 지역으로 오늘날 경상남도 낙동강 유역, 전라남도 일부 지역

관련 키워드

철기 문화 발달   # 김수로왕   # 대가야   # 금관가야   # 연맹 국가

관점 보기

삼국은 왕을 중심으로 중앙 집권 체제를 이루었다

고구려, 백제, 신라는 시기는 다르지만 형제나 세력을 가진 이들이 나누어 맡았던 왕의 자리를 자신의 아들에게 물려주면서 왕을 중심으로 강력한 왕권을 만들었다. 또한 통치와 사회 질서 유지를 위해 법과 제도가 담긴 율령을 만들고 이를 반포하여 왕의 권위를 높였다. 그리고 통치 이념으로 불교를 적극적으로 받아들여 나라의 안녕과 발전을 기원하고 백성이 부처를 믿듯이 왕을 섬기도록 하였다. 이와 함께 삼국은 끊임없이 크고 작은 전쟁을 통해 영토를 넓히고 세력을 확장시키기 위한 정복 활동을 하며 나라를 발전시키고 중앙 집권 국가로 성장하였다.

가야는 연맹 국가로 힘을 하나로 합치지 못했다

가야는 각 연맹마다 철기 제작과 토기 제작 기술 등이 매우 뛰어났다. 질 좋은 철을 생산하던 금관가야는 낙랑과 왜 사이에서 중계 무역을 하며 큰 이익을 얻기도 했다. 하지만 고구려의 공격으로 가야 연맹을 주도하던 금관가야가 쇠퇴하였고, 이후 주변 지역의 소국과 함께 대가야가 가야 연맹을 다시 이끌었다. 가야 연맹은 5세기 후반에는 백제의 혼란을 틈타서 백제 영토까지 세력을 확대하였고, 국가로서 중국에 사신을 파견하고 일본과도 교류하는 등 중앙 집권 체제의 모습을 보여주기도 했다. 하지만 각자의 세력을 유지하고자 했던 각 가야 연맹들은 중앙 집권 체제를 세우지 못하고 백제와 신라의 압박으로 분열되고 결국 신라에 의해 멸망하게 되었다.

- **권위(權** 권세 권, **威** 위엄 위) 남을 지휘하거나 통솔하여 따르게 하는 힘.
- **연맹** 공동의 목적을 가진 단체나 국가가 서로 돕고 행동을 함께 할 것을 약속함.
- **파견** 일정한 임무를 주어 사람을 보냄.

생각정리

다음 자료를 보고, 빈칸에 들어갈 알맞은 내용을 쓰세요.

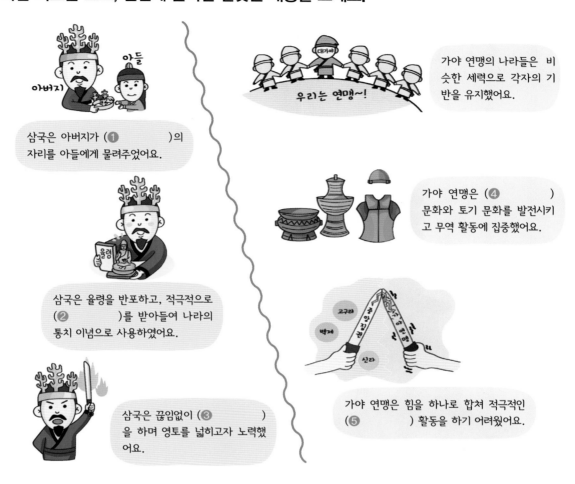

삼국은 아버지가 (❶   )의 자리를 아들에게 물려주었어요.

삼국은 율령을 반포하고, 적극적으로 (❷   )를 받아들여 나라의 통치 이념으로 사용하였어요.

삼국은 끊임없이 (❸   )을 하며 영토를 넓히고자 노력했어요.

가야 연맹의 나라들은 비슷한 세력으로 각자의 기반을 유지했어요.

가야 연맹은 (❹   ) 문화와 토기 문화를 발전시키고 무역 활동에 집중했어요.

가야 연맹은 힘을 하나로 합쳐 적극적인 (❺   ) 활동을 하기 어려웠어요.

생각쓰기

내가 한 나라의 왕이라면 나라를 발전시키고 중앙 집권화를 위해 할 수 있는 노력을 써 보세요.

3. 통일 신라와 발해

여러 나라로 나뉘어 있던 한반도가 처음 하나로 통일된 것은 언제일까요?

신라는 고구려, 백제, 신라로 나뉘어 있던 한반도를 하나로 통일했어요. 통일 신라는 나라를 안정시키고 정치와 경제를 발전시키며 우수한 문화를 꽃피웠어요. 하지만 신라의 삼국 통일은 통일 과정에서 당의 힘을 빌렸다는 점과 통일 이후 북쪽에 고구려를 계승한 발해가 세워졌다는 점 때문에 불안정한 통일이라는 평가를 받기도 해요.

612년
살수
대첩

660년
백제
멸망

668년
고구려
멸망

676년
삼국
통일

698년
발해
건국

900년
후백제
건국

901년
후고구려
건국

3. 통일 신라와 발해

612년

살수 대첩

▲ 을지문덕

안시성의 성주와 백성들이 당군을 물리쳤어.

645년

안시성 싸움

▲ 안시성의 위치

771년

성덕 대왕 신종 완성

751년

불국사 창건

828년

장보고, 청해진 설치

청해진은 튼튼한 요새이자 국제 무역 도시였어.

신라가 삼국을 어떻게 통일했고, 왜 다시 후삼국으로 나뉘었는지 살펴봐.

660년 백제 멸망

668년 고구려 멸망

676년 신라, 삼국 통일

▲ 삼국 통일 과정

남북국 시대

698년 발해 건국

대조영은 나라 이름을 '진'에서 '발해'로 바꾸었어.

900년 견훤, 후백제 건국

901년 궁예, 후고구려 건국

01 고구려는 수를 어떻게 물리쳤을까요?

참쌤 동영상

6세기 말, 수는 혼란했던 중국을 하나로 통일했어. 수는 중국을 통일한 것에 만족하지 않고, 동쪽의 고구려를 차지하려는 야심을 드러냈어. 이러한 야심을 알아챈 고구려는 미리 무기도 수리하고, 군사 식량을 쌓기도 하며 수와의 전쟁에 대비하기 시작했지. 수는 무려 113만의 대군을 이끌고 고구려로 쳐들어왔어. 이러한 대군에 당당하게 맞선 고구려의 장군이 바로 을지문덕이야. 수의 별동대가 살수(청천강)를 건너 평양성 깊숙이 쳐들어왔을 때 을지문덕은 수 별동대의 장수였던 우중문에게 시를 한 편 지어 보냈어.

요동성을 4개월이 넘도록 무너뜨리지 못하자 대신 평양성을 공격하기로 했어.

▲ 수의 동쪽에 위치한 고구려

▲ 을지문덕

그대의 신기한 작전은 하늘의 이치를 알았고 오묘한 계획은 땅의 이치를 깨달았구려. 전쟁에 이겨서 그 공이 이미 크니 만족할 줄 알고 전쟁을 멈추는 것이 어떠하오.

을지문덕이 우중문에게 보냈던 시는 어떤 의미일까?

우중문은 을지문덕의 시를 읽고 그제야 자신이 적진 깊숙이 들어온 것을 깨닫고 황급히 후퇴했어. 하지만 수의 군대가 살수(청천강)를 반쯤 건넜을 때 을지문덕 장군은 기회를 놓치지 않고 맹렬한 공격을 했어. 이 전투가 바로 살수 대첩(612년)이야. 수의 별동대는 크게 패하고 30만 명 중 2,700명 정도만 살아서 돌아갔어.

그 뒤 수는 몇 차례 더 고구려를 침략했지만 한 번도 이기지 못했어. 결국 수는 나라 살림이 어려워지며 멸망하게 되었고, 당이 세워졌어.

▼ **야심(野** 들 야, **心** 마음 심) 무엇을 이루어 보겠다고 마음속에 품고 있는 욕망이나 소망.
▼ **별동대** 작전을 위하여 본대에서 따로 떨어져 나와 독자적으로 행동하는 부대.

참쌤이 들려주는

역사 이야기 수의 침략을 막은 을지문덕의 수비 작전

수성전	중요한 성을 지키는 작전	청야전	적이 먹을 식량과 물을 없애는 작전	장기전	전쟁을 오래 끌어 적이 지치게 만드는 작전

고구려는 전통적으로 외적이 쳐들어오면 들판이나 집안에 있는 곡식들을 적들이 먹지 못하도록 전부 불태웠어요. 그리고 성 안에서 끈질기게 버티며 적을 괴롭히는 작전을 썼어요. 이 작전을 들판을 텅 비게 만들어 먹을 것을 구할 수 없게 만든다고 해서 '맑을 청(淸)'에 '들판 야(野)'를 써서 '청야전(淸野戰)'이라고 해요. 을지문덕은 수의 군사가 먹을 식량을 없애고 전쟁을 오래 끌어 수의 군대가 마음이 급해지게 만드는 작전을 사용했어요.

비주얼 씽킹!

살수 대첩

정답 198쪽

1. 중국을 통일한 수

6세기 말, 중국을 통일한 (❶   )가 고구려까지 차지하려고 하였어요.

요하
요동지방
고구려
청천강
신라
백제

2. 살수 대첩

고구려를 쳐들어온 수는 살수(청천강)에서 (❷   )에게 패배했어요.

평양성

3. 수 멸망&당 등장

수는 나날이 약해져 멸망하고, (❸   )이 세워졌어요.

초성 **Quiz**

1 6세기 말, 중국을 통일한 (ㅅ)가 고구려를 쳐들어왔다.

☐ 수   ☐ 소

2 (ㅇㅈㅁㄷ)은 살수 대첩에서 수를 물리쳤다.

☐ 을지문덕   ☐ 안전모드

고구려는 당을 어떻게 물리쳤을까요?

참쌤 동영상

　고구려의 영류왕은 당과 평화롭게 지내고 싶었어. 하지만 한편으로는 당과의 전쟁에 대비하려고 요동 지역에 16년에 걸쳐 천리장성을 쌓았어.

　그러던 중 고구려에서는 연개소문이 정변을 일으켜 영류왕을 죽이고 권력을 장악했어. 당의 태종은 연개소문이 정권을 부정하게 차지했다는 이유를 들어 고구려로 쳐들어왔어. 당은 치밀하게 전쟁을 준비하여 요동성과 백암성 등을 함락시키고 고구려의 도읍인 평양성으로 향했어. 평양성으로 가는 길에는 안시성이 있었어.

→ 당군의 이동 경로
백암성
요동성
안시성
평양성

안시성은 군사적으로 매우 중요한 곳이어서, 안시성이 무너지면 고구려는 큰 위기를 겪을 수 밖에 없었다고 해.

성주와 백성들이 힘을 합쳐 싸웠어.

　안시성은 조그마한 산성이지만 쉽게 함락되지 않았어. 그러자 당군은 성벽보다 높은 흙산을 쌓아 그 위에서 안시성을 공격하려고 했어. 하지만 폭우로 흙산의 한쪽이 무너졌고, 고구려군은 당군의 흙산을 빼앗아 버렸지. 전쟁은 승부가 나지 않은 채 겨울이 되었고, 식량이 떨어진 당의 군사들은 지쳐 돌아갔어.

• **천리장성** 고구려 때 부여성에서 서남쪽으로는 발해만의 비사성에 이르기까지 1,000리에 걸쳐 쌓은 장성.
• **부정**(不 아닐 **부**, 正 바를 **정**) 올바르지 아니하거나 옳지 못함.

▼ 안시성으로 추정되는 영성자산성(중국 요령성)

참쌤이 들려주는
역사 이야기 고구려 영류왕 vs 연개소문

고구려의 영류왕과 연개소문은 당에 대해 서로 다른 생각을 가지고 있었다고 해요.

내가 당의 비위를 맞추며 고개를 숙이는 까닭은 무리해서 그들과 전쟁을 할 필요가 없기 때문입니다.

영류왕

30년 전, 수의 침략도 막아 낸 우리 고구려가 왜 당의 눈치를 봐야 합니까? 당과 맞서 싸우는 한이 있더라도 절대로 굴복하지 않을 겁니다!

연개소문

비주얼 씽킹! 안시성 싸움

정답 198쪽

1. 고구려와 당의 평화

고구려 (❶   )은 당과 친하게 지내는 정책을 펼쳤어요.

2. 천리장성 축조

영류왕은 언제 있을지 모르는 당의 침략에 대비해 (❷   )을 쌓았어요.

3. 당의 고구려 침략

당은 (❸   )이 영류왕을 죽이고 정권을 부정하게 차지했다는 이유를 들며 고구려로 쳐들어왔어요.

4. 안시성 싸움

조그마한 산성에 불과한 안시성이었지만 끝까지 싸워 당의 군대에 승리했어요.

초성 Quiz

1 영류왕은 당의 침략에 대비해 (ㅊㄹㅈㅅ) 을 쌓았다.
☐ 천리장성   ☐ 철로장성

2 (ㅇㅅㅅ)에서 성주와 백성들은 당군을 맞아 끝까지 싸웠다.
☐ 우수수   ☐ 안시성

03 신라는 왜 당과 손을 잡았을까요?

참쌤 동영상

고구려가 수와 당의 침략을 치열하게 막아 내고 있을 때, 백제도 신라를 무섭게 공격하고 있었어. 백제의 연이은 공격으로 신라는 많은 영토를 잃고, 어려운 상황에 처해 있었지.

> 백제 의자왕의 공격을 받아 40여 개의 성을 함락 당했어.

이러한 어려운 상황에 놓인 신라를 지켜내기 위해 김춘추(훗날 태종 무열왕)는 고구려에게 힘을 합쳐 백제를 치자고 제안해. 하지만 고구려를 지배하고 있던 연개소문이 과거 고구려 영토였던 한강 상류 땅을 돌려줄 것을 요구하면서 결국 협상은 실패로 돌아갔어.

고구려와의 동맹에 실패한 신라는 당에 도움을 요청하게 돼. 우선 당의 군대를 이용하여 백제를 물리치고, 그 뒤에 당의 태도를 지켜보자는 것이 김춘추의 생각이었어. 당은 신라의 동맹 제의를 받아들였어.

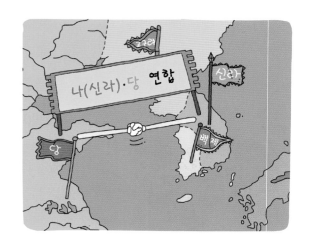

당은 왜 신라의 동맹 제의를 흔쾌히 수락했을까?

▶ **협상**(協 화합할 **협**, 商 장사 **상**) 어떤 목적에 부합되는 결정을 하기 위하여 여럿이 서로 의논함.

▶ **동맹** 둘 이상의 개인이나 단체, 또는 국가가 서로의 이익이나 목적을 위하여 동일하게 행동하기로 맹세하여 맺는 약속이나 조직체, 또는 그런 관계를 맺음.

신라와 당은 힘을 합쳐 백제와 고구려를 무너뜨리고 대동강 남쪽은 신라가, 대동강 북쪽은 당이 차지하기로 약속했어. 고구려 땅을 차지하고 싶었기 때문에 당은 동맹을 받아들인 거지. 이렇게 '나(신라)·당 연합'이 이루어졌어.

이후 신라의 진덕 여왕이 세상을 떠나게 돼. 자식이 없었던 진덕 여왕의 뒤를 이어 김춘추가 왕위를 계승하게 되었어. 사실 김춘추는 왕이 될 수 없는 신분이었지만 관리들이 왕으로 추천해 제29대 왕이 되었어.

역사 이야기 '별주부전' 이야기로 위기를 넘긴 김춘추
참쌤이 들려주는

고구려에 동맹을 제안하기 위해 간 김춘추는 고구려의 감옥에 갇히게 되었어요. 김춘추는 고구려 왕이 총애하는 신하 선도해에게 선물을 주고 살려달라고 애원을 했어요. 이에 선도해는 김춘추에게 당시 유행하던 '귀토담'이라는 책을 주었어요. '귀토담'은 토끼의 간을 구하던 거북이에게 잡힌 토끼가 간을 두고 왔다고 거짓말을 하여 탈출한 이야기를 담은 '별주부전'이에요. 김춘추는 선도해의 숨은 뜻을 알고 고구려 왕에게 거짓으로 옛 고구려 땅을 돌려주기로 약속하고 신라로 돌아갈 수 있었어요.

비주얼 씽킹 나 · 당 연합

정답198쪽

1. 신라의 곤경

(❶)의 공격으로 어려움을 겪게 된 신라는 고구려에게 도움을 요청했어요.

2. 고구려에게 거절 당한 신라

옛 고구려의 땅을 돌려주면 신라를 돕겠다는 조건을 내세우며 김춘추를 가두었어요.

3. 당으로 간 김춘추

고구려를 탈출한 김춘추는 (❷)으로 가서 도움을 요청했어요.

4. 나 · 당 연합

당은 신라의 제안을 받아들이고, 함께 백제와 고구려를 무너뜨리기로 약속했어요.

초성 Quiz

1 위기에 처한 신라를 구하기 위해 노력한 사람은 (ㄱㅊㅊ)이다.
   ☐ 김춘추　　　☐ 경찰청

2 나 · 당 연합에서 '나'는 (ㅅㄹ)를 의미한다.
   ☐ 수레　　　☐ 신라

04 백제와 고구려는 어떻게 멸망했을까요?

참쌤 동영상

백제와 고구려를 무너뜨리기 위해 동맹을 맺은 나·당 연합군은 먼저 백제를 공격했어. 당시 백제는 정치적으로 매우 혼란스러운 상황이라 외부의 적을 막을 준비가 되어 있지 않았어. 당황한 백제 의자왕은 계백 장군에게 5천 명의 군사를 주고 황산벌로 가서 김유신의 5만 명 신라군을 막으라고 했어. 계백 장군은 황산벌 전투에서 신라군을 네 번이나 막았어. 하지만 결국 신라와 당의 연합군에게 도읍인 사비(부여)를 빼앗겼고, 백제는 멸망(660년)하게 되었지.

백제를 무너뜨린 나·당 연합군은 고구려를 공격했지만 연개소문이 있는 고구려는 여전히 막강해서 쉽게 무너지지 않았지. 하지만 연개소문이 죽고 난 후 아들들이 권력을 차지하기 위해 다투면서 고구려는 혼란스러워졌어. 나·당 연합군은 이틈을 놓치지 않고 고구려를 공격했고, 결국 평양성을 잃은 고구려는 허무하게 멸망(668년)하게 되었어.

• **허무** 무가치하고 무의미하게 느껴져 매우 허전하고 쓸쓸함.
• **부흥(復** 다시 **부, 興** 일흥) 쇠퇴하였던 것이 다시 일어남. 또는 그렇게 함.

백제와 고구려가 멸망한 후 백성들이 한 것은 무엇인가요?

백제와 고구려 백성들은 부흥 운동을 벌였어. 백제는 흑치상지, 복신과 도침, 고구려는 검모잠과 안승을 중심으로 다시 나라를 일으키려 했지만 결국 실패로 끝나게 되었어.

참쌤이 들려주는
역사 이야기 계백과 관창 이야기

황산벌 전투에서 백제의 계백은 목숨을 아끼지 않고 싸웠어요. 신라는 군사를 세 갈래로 나누어 네 번을 싸웠으나 백제에 이기지 못했고 군사들은 지쳐 있었어요. 그러던 중 관창이라는 신라의 화랑이 백제의 포로가 되었는데, 계백은 관창이 어린 소년이라 죽이지 않고 돌려보냈어요. 그런데 관창은 다시 적진에 뛰어들었고 결국 계백에 의해 죽었어요. 관창의 용감한 모습에 감격한 신라군은 죽음을 각오하고 공격하여 크게 승리하게 되었고, 이후 백제는 멸망하였어요.

백제와 고구려의 멸망

정답 198쪽

1. 나·당 연합의 작전

신라와 당은 먼저 백제를 정벌한 뒤에
고구려를 공격하려는 계획을 세웠어요.

2. 백제 VS 나·당 연합군

백제의 장군 (❶   )은 황산벌에서 나·당 연합군에 맞서 열심히 싸웠으나 도읍이었던 사비성을 빼앗기고 백제는 멸망하게 되었어요.

3. 고구려 VS 나·당 연합군

연개소문이 죽고 혼란스러워진 고구려는 나·당 연합군의 공격에 (❷   )을 잃고 허무하게 멸망했어요.

초성 Quiz

1 백제의 장군이었던 (ㄱㅂ)은 황산벌에서 죽음을 각오하고 전투에 임했다.
　□ 가방　　　　　□ 계백

2 고구려는 (ㅇㄱㅅㅁ)이 죽으며 혼란스러운 상황에서 나·당 연합군을 맞아 멸망했다.
　□ 연개소문　　　□ 연기소문

05 신라 VS 당, 과연 그 결과는 어땠을까요?

참쌤 동영상

당은 신라와 연합할 때 전쟁에서 승리할 경우 대동강 이남의 땅을 신라의 땅으로 인정한다고 약속했어. 하지만 그 약속은 지켜지지 않았지. 당이 한반도 전체를 지배하려는 생각이 있었던 거야.

당은 백제를 멸망시킨 후에 웅진에 웅진도독부를 설치하여 백제를 지배하려 했어. 또 고구려를 점령하고 나서는 평양성에 안동도호부를 설치하여 고구려 영토마저 차지하려고 했지. 뿐만 아니라 신라의 영토까지도 차지하려고 했어.

백제를 멸망시킨 태종 무열왕(김춘추)은 661년에 세상을 떠났고, 아들인 김법민(문무왕)이 왕위를 이었어.

신라 문무왕은 당을 막아 내려면 신라의 힘만으로는 어렵다는 것을 깨닫고, 고구려와 백제의 부흥군과 손을 잡았어. 고구려와 백제의 부흥군은 비록 나·당 연합군이 자신들의 나라를 멸망시켰지만 신라와 당이 전쟁을 하게 되자 같은 민족인 신라를 지지하게 된 것이지.

당은 대규모 군대를 보내어 신라를 공격하였으나 신라군과 백제, 고구려 부흥군은 힘을 합쳐 끝까지 맞서 싸웠어. 마침내 신라 문무왕은 당의 군대를 몰아내고 삼국 통일(676년)을 이루게 되었어.

- **웅진도독부** 백제를 멸망시킨 뒤 백제의 옛 땅을 관리하기 위해 설치한 당의 관청.
- **안동도호부** 고구려를 멸망시킨 뒤 고구려의 옛 땅을 관리하기 위해 설치한 당의 관청.

▲ 신라의 통일 과정

▲ 통일 신라의 영토

 참쌤이 들려주는

역사 이야기 신라와 당의 대표적 전투

매소성 전투

신라와 당의 전쟁 때 당의 장수 이근행이 이끄는 20만 대군과 신라군은 매소성에서 전투를 벌였어요. 신라군은 매소성에서 당군을 크게 무찌르고 말 3만 380필과 많은 무기를 빼앗았어요. 이 싸움은 당의 세력을 몰아내는 데 결정적인 계기가 되었어요.

기벌포 전투

매소성 전투 이후 당은 육지로 신라를 공격하는 것이 어렵다고 생각하고 기벌포 앞바다에 당의 장군 설인귀가 이끄는 함대를 침입시켰어요. 신라군은 이 전투에서 당의 20만 대군을 물리치고 전쟁에서 최종 승리하여 당의 세력을 한반도에서 몰아냈어요.

 비주얼 씽킹

신라의 삼국 통일

정답 198쪽

1. 약속을 어긴 당

당은 백제와 고구려 영토뿐만 아니라 (❶   ) 전체를 차지하려 했어요.

2. 힘을 합친 삼국

신라는 고구려, 백제의 (❷   )과 손을 잡아 당을 물리칠 힘을 얻었어요.

3. 나·당 전쟁

당이 대규모 군대를 보내어 신라를 공격하며 신라와 당의 전쟁이 시작되었어요.

4. 신라의 삼국 통일

신라는 마침내 당을 몰아내고 (❸   )을 이뤘어요.

 초성 Quiz

1 당은 전쟁에서 승리할 경우 (ㄷㄷㄱ) 이남의 땅을 신라의 땅으로 인정한다고 약속했다.

☐ 동대구   ☐ 대동강

2 신라의 (ㅁㅁㅇ)은 당을 막기 위해 고구려와 백제의 부흥군과 손을 잡았다.

☐ 만민왕   ☐ 문무왕

3. 통일 신라와 발해 **109**

06

신라는 새로운 나라를 어떻게 만들었을까요?

참쌤 동영상

이렇게 한반도를 통일한 신라의 문무왕은 백성들의 생활을 안정시키는 데 힘 쓰면서도 한편으로는 통일된 신라를 만들기 위하여 백제와 고구려의 *유민들을 통합하려는 정책을 펼쳤어. 고구려, 백제, 신라의 사람들을 하나로 모아 민족 문화 발전을 위한 기초를 마련하였던 거야.

문무왕은 죽으며 "내가 죽거든 열흘 후 화장해라. 예는 지키되 검소하게 하길 바란 다. 내가 죽어서 바다의 용이 되어 신라를 지 킬 것이다."라는 유언을 남겼대.

죽어서도 신라를 지키고자 했던 문무왕의 정신이 느껴지는 것 같아요!

▲ 경주 문무대왕릉(경북 경주)

문무왕이 죽고 문무왕의 큰아들이 왕위에 올라 신문왕이 되었어. 신문왕은 귀족 세력을 억누르고 왕권을 강화하였어. 또한 정치, 군사, 교육, 토지 등 여 러 국가 제도를 새롭게 정비하며 통일 신라의 발판을 확고히 다졌어.

└ 반란을 일으킨 자들을 처형하고, 관리들에게 논밭을 주는 제도를 없앴어.

▼ 경주 감은사지(경북 경주) 감은사는 신라 문무왕이 삼국 통일을 이룬 후 나라를 더욱 굳게 지키기 위해 짓기 시작한 절로 신문왕이 완성하 였음. 현재는 터만 남아 있음.

들어가지 맙시다

♦ 유민(遺 남길 유, 遺 백성 민) 망하여 없어진 나라 의 백성.
♦ 정비 흐트러진 체계를 정리하여 제대로 갖춤.

 참쌤이 들려주는

역사 이야기 만 개의 파도를 잠재우는 피리, 만파식적

바다의 용이 된 문무왕과 하늘의 신이 된 김유신이 동해에 떠다니는 거북 바위에 대나무를 보냈어요. 용은 신문왕에게 이 대나무로 피리를 만들어 불면 나라가 평안해질 거라고 말했어요. 신문왕이 대나무 피리를 만들어 불었더니 적군이 물러가고, 병이 나았으며, 가뭄에는 비가 오고, 요동치던 파도가 잔잔해졌다고 해요. 신문왕은 이 피리를 만 개의 파도를 가라앉히는 피리라는 뜻에서 '만파식적'이라고 이름 붙였어요. 만파식적 이야기에는 신라에 평화가 오기를 바라는 신문왕과 신라 사람들의 소원이 담겨 있어요.

 비주얼 씽킹

문무왕과 신문왕의 정책

정답 198쪽

문무왕의 정책

(❶   )들의 생활을 안정시키고 고구려, 백제, 신라의 사람들을 통합하기 위해 노력했어요.

백제
고구려
문무왕
신라

신문왕의 정책

귀족 세력을 억누르고 (❷   )을 강화하였고, 국가의 여러 제도를 새롭게 정비하며 통일 신라의 발판을 다졌어요.

초성 Quiz

1 삼국을 통일한 문무왕은 백제와 고구려의 유민들을 (ㅌㅎ)하는 정책을 펼쳤다.
☐ 탄핵   ☐ 통합

2 문무왕의 아들인 (ㅅㅁㅇ)은 왕권을 강화하여 통일 신라의 발판을 다졌다.
☐ 신문왕   ☐ 소망왕

07

통일 신라 사람들의 생활 모습은 어땠을까요?

참쌤 동영상

통일 이후 신라의 백성들은 넓어진 영토와 늘어난 인구 덕분에 풍족한 생활을 할 수 있었어. 다른 나라와의 전쟁이 끝나자 백성들의 생활이 안정되고, 농산물의 생산량도 많이 늘어났지.

삼국 통일 이전부터 신라에는 '골품제'라는 신분 제도가 있었어. 골품제에는 성골과 진골이라는 '골' 신분과 6두품부터 1두품까지 여섯 등급의 '두품'이라는 신분이 있었

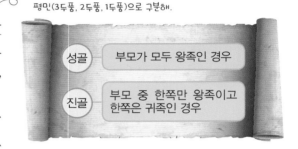
신라의 신분 제도로서, 왕족(성골, 진골), 귀족(6두품, 5두품, 4두품), 평민(3두품, 2두품, 1두품)으로 구분해.

| 성골 | 부모가 모두 왕족인 경우 |
| 진골 | 부모 중 한쪽만 왕족이고 한쪽은 귀족인 경우 |

어. 그리고 두품 아래에는 평민이 있었지. 두품은 6두품이 가장 높고, 숫자가 작아질수록 신분이 낮아져. 나중에는 3두품에서 1두품까지는 평민과 똑같이 취급받았어.

신분은 신라 사람들의 생활 모습을 결정지었는데, 신분에 따라 관직의 직급, 집의 크기, 옷의 색깔, 장신구까지 차이가 있었다고 해. 골품제 때문에 능력이 있어도 관직에 오르지 못하는 사람들도 많았어.

결혼도 같은 신분끼리 하는 것이 원칙이었어.

성골 진골 / 6~4 두품 / 3~1 두품

풍족하다(豊 풍년 **풍**, 足 발 **족**) 매우 넉넉하여 부족함이 없음.

생산(生 날 **생**, 産 낳을 **산**) 인간이 생활하는 데 필요한 각종 물건을 만들어 냄.

책사 남을 도와 꾀를 내는 사람.

태어나면서부터 신분이 정해지기 때문에 높은 신분으로 태어나지 못한 사람은 불만이 많았어. 특히 6두품이 가장 불만이 많았지. 그래서 6두품 중에는 아예 벼슬을 포기하고 승려, 학자, 왕의 책사가 되는 사람이 많았어. 대표적으로 원효와 최치원이 6두품 출신이야.

역사 이야기 골품제라는 신분의 한계에 부딪힌 최치원

최치원은 4세 때부터 글을 읽기 시작했을 정도로 신동이었어요. 하지만 최치원은 아무리 실력이 좋아도 오를 수 있는 벼슬에 한계가 있는 6두품의 신분이었어요. 당시에 당은 외국인들에 대한 차별이 적은 편이어서 신라의 6두품을 비롯한 많은 사람들이 당으로 유학을 갔어요. 최치원도 그중 한 명이었어요. 최치원은 당으로 유학을 가서 열심히 공부를 했고, 18세의 나이로 외국인을 상대로 치르는 과거 시험에서 장원을 하였어요. 최치원은 어린 나이에 장원을 하여 이름을 떨쳤고, 당의 사람들 사이에서 글을 잘 쓰는 사람으로 유명해졌다고 해요.

▲ 최치원

 비주얼 씽킹

통일 신라 사람들의 생활 모습

정답198쪽

안정된 통일 신라

다른 나라와의 (❶   )이 끝나자 백성들은 풍족한 생활을 할 수 있게 되었어요.

신분 제도 – 골품제

태어나면서부터 신분이 정해지는 (❷   )가 있었는데, 신분에 따라 생활 모습에 차이가 있었어요.

낮은 신분

높은 신분

초성 Quiz

1 신라에는 (ㄱㅍㅈ)라는 신분 제도가 있었다.

☐골품제   ☐가품제

2 6두품이었던 (ㅊㅊㅇ)은 당으로 건너가 벼슬을 하였다.

☐최창인   ☐최치원

08

통일 신라에 불교가 어떻게 퍼지게 되었나요?

참쌤 동영상

통일 신라는 삼국을 통일한 뒤, 백성의 마음을 하나로 모으기 위하여 이전보다 불교를 더욱 중요하게 여겼어. 백제와 고구려, 신라 삼국의 문화를 하나로 합치고 당의 문화를 받아들이면서 불교를 더욱 발전시켰어.

특히 왕과 귀족들은 자신의 세력을 강화하기 위해 불교를 보다 많은 사람들에게 전파하려고 하였어. 이전까지 주로 왕과 귀족들이 믿었던 불교는 원효와 의상의 노력으로 백성들에게까지 전파되어 신라 사람들의 생활에 많은 영향을 미쳤어.

원효와 의상은 8살 차이나 났지만 불교에 뜻이 맞아 허물없이 지냈다고 해.

원효

원효 대사는 백성에게 어려운 불교 말씀 대신에 백성들이 이해하기 쉬운 노래를 만들어 가르쳤다고 해요. '나무아미타불'이라고 노래만 부르면 누구나 극락에 갈 수 있다고 가르쳤어요.

- **전파**(傳 전할 전, 播 뿌릴 파) 전하여 널리 퍼뜨림.
- **극락** 아미타불이 살고 있는 곳으로, 괴로움이 없으며 지극히 안락하고 자유로운 세상.

의상

의상 대사는 삼국 통일 이후 부석사, 낙산사와 같은 많은 절을 짓고 제자를 길러 내며 불교를 통해 신라 사회를 하나로 모으는 데 큰 힘을 실었어요. 그리고 화엄종이라는 새로운 불교의 종파를 만들어 냈어요.

▽ 부석사(경북 영주)

 참쌤이 들려주는
역사 **이야기** 원효 대사의 깨달음

 비주얼 씽킹 ## 통일 신라의 불교

불교를 중시한 신라

통일 신라는 백성의 마음을 하나로 모으기 위해 (❶   )를 중요하게 여겼어요.

원효의 불교 사상

(❷   )는 백성에게 '나무아미타불' 노래를 가르치며 불교의 대중화에 앞장섰어요.

의상의 불교 사상

의상은 많은 (❸   )을 짓고 그곳에서 많은 제자들을 길러 냈어요. 또 화엄종이라는 새로운 종파를 만들었어요.

초성 **Quiz**

1 통일 신라는 백성의 마음을 하나로 모으기 위해 (ㅂㄱ)를 중요시 했다.
☐ 불교　　　　☐ 배구

2 의상 대사는 (ㅎㅇㅈ)이라는 새로운 종파를 만들었다.
☐ 회의장　　　☐ 화엄종

3. 통일 신라와 발해 **115**

09 불국사와 석굴암은 누가 만들었을까요?

참쌤 동영상

통일 신라의 대표적인 불교 사찰인 불국사와 석굴암은 누가 만들었는지 알고 있니? 바로 김대성이야. 전생의 부모를 위하여 석굴암을, 현생의 부모를 위하여 불국사를 지었다고 해. 이렇게 김대성의 효심과 불교를 향한 마음은 지극했어.

24년간이나 절을 지었지만 완성시키지 못했고, 김대성이 죽은 후 왕실에서 완성시켰어.

불국사는 신라의 땅에 부처님의 나라를 만든다는 뜻을 가지고 있어. 대웅전 앞에는 10원짜리 동전에서 볼 수 있는 화려한 다보탑과 아사달과 아사녀의 슬픈 사랑 이야기가 전해지는 석가탑이 있어. 두 탑은 감탄이 나올 정도로 완벽한 조화를 이루고 있지.

경주 불국사 3층 석탑이라고도 해.

▲ 불국사(경북 경주)

▲ 다보탑   ▲ 석가탑

석굴암은 360여 개의 크고 작은 돌들을 자로 잰 듯 정교하게 짜 맞추어 만든 석굴이야. 접착제도 없이 돌판과 돌판을 둥글게 쌓는 기술은 세계 어느 곳에서도 볼 수 없는 기술이야. 석굴 중앙에는 부처의 위엄이 잘 표현된 본존불상이 있고 그 주위에는 부처의 제자상들이 새겨져 있어.

▲ 석굴암(경북 경주)

♦ **조화**(調 고를 조, 和 화합할 화) 서로 잘 어울림.
♦ **석굴**(石 돌 석, 窟 굴 굴) 바위에 뚫린 굴.

국보 제24호로 지정되었으며, 유네스코 세계 문화유산으로도 지정되었어.

참쌤이 들려주는

역사 이야기 그림자가 없는 석가탑

김대성은 백제 출신 석공인 아사달이 기술이 뛰어나다는 소문을 듣고 석가탑을 만들기 위해 아사달을 불렀어요. 아사달의 아내인 아사녀는 몇 해가 지나도 돌아오지 않는 남편을 찾아 경주로 갔지만 남편을 만날 수가 없었어요. 아사녀는 석가탑이 완성되어 연못에 그림자가 비추기를 기다렸어요. 하지만 한 달이 지나도 그림자가 나타나지 않았고, 아사녀는 슬퍼하며 연못에 몸을 던졌어요. 아사달은 석가탑을 완성하고 연못으로 달려갔지만, 아내를 만날 수 없었어요. 그래서 사람들이 석가탑을 그림자가 없는 탑이라는 의미에서 '무영탑(無影塔)'이라 부르게 되었어요.

비주얼 씽킹

불국사와 석굴암

정답 198쪽

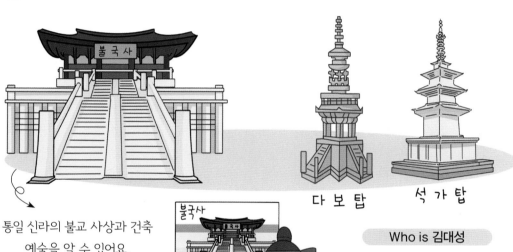

다 보 탑   석 가 탑

통일 신라의 불교 사상과 건축 예술을 알 수 있어요.

Who is 김대성

효심이 깊었던 김대성은 전생의 부모를 위해 (❶   )을, 현생의 부모를 위해 (❷   )를 지었어요.

신라 건축 예술의 최고 경지를 보여줘요.

초성 Quiz

1 불국사와 석굴암은 (ㄱㄷㅅ)이 만들었다.
☐ 김대성   ☐ 고단수

2 불국사에는 10원짜리 동전에서 볼 수 있는 (ㄷㅂㅌ)이 있다.
☐ 두부탕   ☐ 다보탑

나·당 연합을 통한 삼국 통일
– 태평성세를 이룩한 일 vs 반민족적 행위

사건 알기

· 신라와 당이 백제와 고구려를 무너뜨리고 대동강 남쪽은 신라가, 대동강 북쪽은 당이 차지하기로 약속한 동맹임.

관련 키워드

신라   # 나 · 당 연합   # 삼국 통일   # 무열왕

사건 평가하기

나 · 당 연합을 통한 삼국 통일은 태평성세를 이룩한 일!

당시 고구려, 백제, 신라는 서로를 한 민족이라고 생각하지 않았다. 그들에게 서로는 다른 나라이고, 다른 나라 사람일 뿐이었다. 그렇기 때문에 당의 힘을 빌려 같은 민족을 공격했다는 시각으로 나 · 당 연합과 삼국 통일을 보아서는 안 된다. 오히려 작은 나라였던 신라가 외교 능력을 발휘하여 삼국 통일을 이루어 냈다는 것에 집중해야 한다. 삼국을 통일하여 그동안 전쟁으로 지쳐 있던 백성들에게 안정을 주었고 피해를 줄였으며, 수많은 문화유산을 보존할 수 있었다. 그리고 신라의 삼국 통일 이후 남성스럽고 웅장한 고구려의 문화, 백제의 정갈하고 단아한 문화, 신라의 세련된 문화가 서로 융합되며 세계적인 문화를 꽃피울 수 있었다. 통일이 이루어지지 않았다면 계속된 전쟁으로 인해 이런 찬란한 문화는 없었을지도 모른다.

나 · 당 연합을 통한 삼국 통일은 외세를 이용한 반민족적 행위!

· **외교**(外 바깥 **외**, 交 사귈 **교**) 다른 나라와 정치적, 경제적, 문화적 관계를 맺는 일.
· **도모** 어떤 일을 이루기 위하여 대책과 방법을 세움.
· **신채호** 일제 강점기의 독립운동가이자 사학자, 언론인으로서 민족 영웅전과 역사 논문을 써 민족의식 고취에 힘썼음.

신라가 나 · 당 연합을 통해 삼국 통일을 도모한 것은 자주적인 통일이 아닐뿐더러 같은 한 민족인 고구려와 백제를 멸망시킨 반민족적인 행위이다. 고구려, 백제, 신라 세 나라가 서로의 일을 해결했어야 한다. 당을 끌어들였기 때문에 고구려 영토는 당에게 넘어가고 한반도는 많은 힘을 잃게 되었다. 역사학자인 신채호는 "다른 나라인 당을 끌어들여 한 민족을 멸망시키는 것은 도적을 불러들여 형제를 죽이는 것과 다를 바가 없다."라고 말하기도 하였다. 또한 진정한 정신적인 통일을 이루지 못하여 후삼국 시대라는 또 다른 혼란을 불러일으켰다.

생각정리

다음 자료를 보고, 빈칸에 들어갈 알맞은 내용을 쓰세요.

(❶)의 힘을 빌린 자주적이지 못한 통일이에요.

한 민족끼리 싸운 반민족적 행위예요.

(❸)의 영토를 잃고, 정신적으로 진정한 통일을 이루지 못했어요.

훌륭한 (❷) 정책을 통한 통일이에요.

계속된 전쟁으로 지친 백성들에게 안정을 주고 피해를 줄였어요.

삼국의 다양한 (❹)가 융합될 수 있었어요.

생각쓰기

삼국 통일을 어떻게 평가해야 하는지 자신의 의견을 자유롭게 써 보세요.

10 발해는 어떻게 세워지게 되었을까요?

참쌤 동영상

고구려가 멸망한 후 고구려 유민들은 당에 의해 요서 지역으로 강제로 이주되었어. 그곳에서 고구려 유민뿐 아니라 거란과 말갈 사람들까지 당의 지배를 받으며 힘들게 살아갔지. 고구려 유민들은 당의 지배에서 벗어나기 위해 노력했어. 그러던 중 거란이 당에 반란을 일으켰어.

이때 고구려 유민들을 이끌고 당을 피해 동쪽으로 행진하기 시작한 장수가 있었는데, 그가 바로 대조영이야. 대조영과 고구려 유민들은 비록 당의 군대에 비해 무기도 부족하고 힘도 약했지만, 천문령 전투에서 지형지물을 활용해 당의 군대를 무찔렀어.

▲ 천문령 전투

동모산은 지금의 만주 지역에 있어.

발해가 고구려를 계승한 나라라고 주장했어.

698년, 대조영은 산악 지대인 동모산 기슭에 '진'이라는 나라를 세웠어. 진은 빠르게 성장하여 고구려의 옛 땅을 하나하나 되찾기 시작했지. 그 후 대조영은 나라 이름을 '발해'로 바꾸었어. 이때부터 남쪽에는 신라, 북쪽에는 발해가 있는 '남북국 시대'가 시작되었어.

● **이주**(移 옮길 이, 住 살 주) 살던 곳을 떠나 딴 곳으로 옮겨 가서 삶.
● **지형지물**(地 땅 지, 形 모양 형, 地 땅 지, 物 물건 물) 땅의 생김새와 땅 위에 있는 모든 물체를 이르는 말.

참쌤이 들려주는
역사 이야기 대조영의 출신

대조영의 출생이나 성장에 대한 자세한 기록이 없기 때문에 대조영이 중국 출신이라고 주장하는 사람들이 있어요. 그러나 발해 건국 이후 고구려의 흔적을 따라 하려는 모습이 많이 보인다는 점, 건국 세력 중 상당 수가 고구려 유민이었다는 점, 발해가 일본과 주고받은 외교 문서에서 발해 왕을 고구려 왕이라 칭했다는 점 등을 볼 때 대조영은 고구려 출신이고, 발해는 고구려의 정신을 이어받은 나라라고 볼 수 있어요.

- 고려 사신 양승경 등이 방문을 마치고 말하기를 "고려 국왕 대흠무(문왕)가 천황의 승하 소식을 듣고 문안한다."라고 하였다.
- 일본 천황은 삼가 고려 국왕에게 문안한다.

『속일본기』

비주얼
씽킹 **발해 건국**

정답 198쪽

1. 당의 지배

고구려 멸망 후 고구려 유민들은 (❶　　　　)의 지배를 받으며 힘들게 살았어요.

나를 따르라!

우리를 이끌 장군님이 나타났어!

2. 대조영의 등장

대조영이 고구려 사람들과 말갈족을 이끌고 당에 맞섰어요.

천문령 전투에서 승리했다!

3. 천문령 전투 승리

(❷　　　　) 전투에서 당의 군대를 무찔렀어요.

발해

신라

4. 발해 건국

대조영이 동모산 기슭에 (❸　　　　)를 세웠어요.

초성 Quiz

1 고구려 멸망 후 고구려 유민들은 (ㄷ)에 의해 요서 지역으로 강제 이주되었다.
　☐ 돈　　　　　☐ 당

2 발해는 (ㄷㅈㅇ)이 세운 나라이다.
　☐ 대조영　　　☐ 당진영

11 '해동성국'은 어떤 뜻일까요?

참쌤 동영상

대조영의 뒤를 이어 무왕으로 즉위한 대무예는 수많은 전쟁에서 많은 공을 세우고 전투에 뛰어난 인물이었어. 무왕은 북쪽으로의 영토 확장에 힘을 썼는데, 말갈족의 땅과 당의 땅을 차지하려 했어. 무왕은 먼저 당을 공격해 함락시켰고, 산둥 반도를 점령했어. 이렇게 무왕은 전쟁으로 강력한 왕권을 만들어 나갔지.

3대 문왕이 즉위하며 발해의 힘은 더욱 강력해졌어. 발해는 당과 평화를 유지하며 문물 교류를 했어. 문왕은 도읍을 상경으로 옮기고 당 외에도 여러 나라들과의 교류에 힘썼어.

▲ 발해가 무역한 나라들

발해는 9세기 선왕 때 전성기를 맞이했는데 이때 옛 고구려의 땅을 대부분 되찾았고, 만주에서 연해주에 이르는 엄청난 규모의 영토를 차지하게 되었어.

▲ 발해의 영토

이는 우리 민족 역사상 가장 큰 땅이었어. 발해는 당의 발달된 제도와 문화도 받아들이며 점점 더 발전해 나갔어. 그리하여 발해는 당으로부터 '해동성국'이라는 이름으로 불리게 되었어. 해동성국이란 '바다 동쪽에 있는 융성한 나라'라는 뜻이야.

발해는 고구려의 옛 땅뿐만 아니라 만주 지역과 현재 러시아의 영토인 연해주까지도 지배했어.

- **함락(陷** 빠질 **함, 落** 떨어질 **락)** 적의 성, 요새, 진지 따위를 공격하여 무너뜨림.
- **교류(交** 사귈 **교, 流** 흐를 **류)** 문화나 사상 따위가 서로 통함.
- **융성(隆** 높을 **융, 盛** 성할 **성)** 기운차게 일어나거나 대단히 번성함.

하지만 발해는 9세기 말에 귀족들의 권력 다툼이 심해지면서 국력이 점점 약해졌어. 결국 발해는 당이 멸망하자 세력이 커진 거란의 공격을 받아 926년에 멸망했어.

역사 이야기 무왕이 당을 침략한 까닭

발해의 무왕에게는 대문예라는 동생이 있었어요. 대문예는 무왕을 도와서 발해의 외교를 담당했어요. 형 무왕은 발해를 당보다 더 큰 나라로 키우기 위해 당도 공격해야 한다고 생각했지만 대문예는 당은 너무 강한 나라라며 형을 말렸어요. 결국 대문예는 형과의 의견 차이를 좁히지 못하고 당으로 도망갔어요. 무왕은 당에게 대문예를 돌려보낼 것을 요구했지만 당은 듣지 않았고, 결국 화가 난 무왕은 먼저 당의 산둥 지방을 공격하여 2년간 전쟁을 벌이게 되었지요.

비주얼 씽킹! 발해의 성장과 멸망

정답 198쪽

영토 확장

강력한 왕권

활발한 (❶   )

해동성국

발해는 선왕 때 최대 영토와 국력을 자랑하며 전성기를 맞이했어요.

발해 멸망

발해는 9세기 말에 (❷   )에 의해 멸망했어요.

초성 Quiz

1 발해는 (ㅎㄷㅅㄱ)이라고 불릴 정도로 번성하였다.

☐ 해동성국   ☐ 해동세계

2 발해는 (ㄱㄹ)에 의해 멸망하였다.

☐ 계란   ☐ 거란

12 발해 사람들은 어떻게 생활했을까요?

참쌤 동영상

발해 성터에서 탄화된 콩, 메밀, 보리, 수수 등이 발굴되었어.

발해는 산이 많고 추운 곳에 위치해 있었기 때문에 주로 밭농사를 지으며 생활했어. 또 바다에서 고기를 잡거나 돼지나 말을 기르기도 했지. 능숙하게 말을 타던 발해 사람들은 말을 타고 공을 치는 '격구'라는 놀이를 즐겼어.

당과 말갈족은 물론 옛 고구려에게도 영향을 받은 발해는 세 민족의 문화가 섞여 독특한 모습을 보였어. 여러 나라의 문화 중에서 가장 크게 드러나는 것은 고구려의 흔적이야. 발해 사람들은 고구려의 전통적인 난방 방식인 온돌을 이용해 집을 따뜻하게 데웠어. 또 발해의 건축물이나 장식 등에는 고구려 미술에서 주로 느껴지는 강하고 힘찬 기상이 많이 담겨 있어.

이 시기의 온돌은 오로지 고구려와 발해 유적에서만 발견된대요.

▲ 고구려 온돌 터

▲ 발해 온돌 터

또한 발해 사람들은 옛 고구려처럼 불교를 중요하게 여겨 석등을 세우고 부처님을 모셨어. 발해의 도읍지였던 상경과 그 주변 지역에서 불교와 관련된 것들이 많이 발견되었지.

● **온돌**(溫 따뜻할 온, 堗 굴뚝 돌) 뜨거운 기운이 방 밑을 통과하여 방을 덥히는 장치.

● **기상**(氣 기운 기, 像 모양 상) 사람이 타고난 마음씨. 또는 그것이 겉으로 드러난 모양.

● **도읍지**(都 도읍 도, 邑 고을 읍, 地 땅 지) 한 나라의 수도로 삼은 곳.

◀ 발해 석등(중국 헤이룽장)

높이가 6.3m나 되는 큰 석등으로, 몸체에 새겨진 연꽃무늬는 고구려 문화의 영향을 받은 것으로 여겨지고 있어.

참쌤이 들려주는
역사 이야기 발해에 남아 있는 당의 모습

당이 점령한 지역에서 살아온 발해 사람들에게는 당의 모습도 많이 남아 있었어요. 발해의 수도 상경성은 당의 수도 장안성과 비슷한 모습이었고, 정치 제도도 당의 영향을 받았어요. 또한 당과의 교류도 활발했어요. 발해가 해동성국이라고 불리며 번영한 것은 나라를 잃고 땅을 빼앗겼던 설움을 극복하고자 힘쓰면서도 다양한 문화를 받아들였던 넓은 마음 때문이지 않을까요?

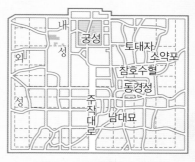

▲ 당의 수도인 장안성과 비슷한 상경성의 모습

비주얼 씽킹 발해의 생활 모습과 문화

정답 198쪽

생활 모습

(❶   )를 지었어요.

물고기를 잡고 가축을 길렀어요.

(❷   )라는 놀이를 즐겼어요.

문화

고구려, 당, 말갈의 문화가 섞였는데, 그 중 고구려의 영향을 가장 많이 받았어요.

(❸   )를 중요하게 여겨 석등을 세웠어요.

초성 Quiz

1 발해 사람들은 말을 타고 공을 치며 노는 (ㄱㄱ)라는 놀이를 즐겼다.
  ☐ 경고   ☐ 격구

2 발해의 문화는 (ㄱㄱㄹ)의 영향을 많이 받았다.
  ☐ 고구려   ☐ 갈고리

13 장보고는 왜 '해상왕'이라고 불렸을까요?

참쌤 동영상

신라는 골품제라는 신분 제도 때문에 낮은 신분의 사람들은 아무리 능력이 뛰어나도 높은 자리까지 올라갈 수 없었어. 장보고 또한 뛰어난 실력을 가지고 있었지만 신분이 낮아 출세를 하지 못했어.

> 장보고가 살던 9세기 초, 당은 자연재해로 인해 먹을 것이 부족하자 해적들이 많이 활동했어.

장보고는 자신의 뜻을 이루기 위해 당으로 건너갔고, 무령군 소장이라는 높은 지위를 얻었어. 그러던 어느 날, 해적에게 잡혀 노예로 팔려 온 신라 사람이 당인에게 발길질을 당하는 것을 본 장보고는 분노했어. 장보고는 당에서의 부와 명예마저 버리고 고국의 해적을 모두 소탕하기로 결심했지.

장보고는 청해진으로 건너가 튼튼한 요새를 꾸리고 1만 명의 군사를 모아 해적들을 몰아냈어. 그리고 장보고는 청해진을 무역 중심 도시로 키워나갔지. 청해진은 신라, 중국, 일본 상인은 물론 아라비아 상인들까지 오가는 국제적인 무역 도시로 발전했지. 그 당시 외국 상인이라면 장보고와 청해진을 모르는 사람이 없었을 정도였어. 이제 왜 장보고가 '해상왕'이라고 불렸는지 알겠지?

- **소탕(掃** 쓸 소, **蕩** 방탕할 **탕)** 휩쓸어 죄다 없애 버림.
- **요새(要** 요긴할 요, **塞** 변방 새) 군사적으로 중요한 곳에 튼튼하게 만들어 놓은 방어 시설. 또는 그런 시설을 한 곳.
- **무역(貿** 무역할 무, **易** 바꿀 역) 지방과 지방 사이에 서로 물건을 사고팔거나 교환하는 일.

▼ 청해진이 설치되어 있었던 전라남도 완도군

참쌤이 들려주는

역사 이야기 장보고의 최후

장보고는 자신의 세력을 키워서 신무왕이 왕위에 오르는 데에 엄청난 공을 세웠어요. 그러나 장보고의 도움으로 왕이 된 신무왕은 1년 만에 세상을 떠났고, 그 후 진골 귀족들은 장보고를 나쁘게 보기 시작했어요. 진골 귀족들은 신라의 골품제에서 낮은 신분에 속하는 장보고를 천한 사람이라고 생각했거든요. 결국 장보고는 신무왕의 아들 문성왕 때 자기 딸을 왕비로 삼으려다가 진골 귀족들이 보낸 자객에 의해 암살당하고 말았어요.

비주얼
씽킹!

장보고와 청해진

정답 198쪽

신라에서 신분의 한계에 부딪힌 장보고는 당으로 건너가 높은 지위를 얻었어요.

장보고는 (❷   )에 요새를 꾸리고 해적을 소탕했어요.

장보고는 해적에게 잡혀 노예로 끌려온 (❶   ) 사람들을 보고 분노했어요.

장보고는 청해진을 (❸   ) 중심 도시로 키웠어요.

초성 **Quiz**

1 장보고는 (ㅅㅂ)의 한계로 출세하지 못하자 당으로 건너가 장군이 되었다.
   ☐ 신분   ☐ 신발

2 장보고는 (ㅊㅎㅈ)을 무역 중심 도시로 키워 나갔다.
   ☐ 청해진   ☐ 창호지

14 신라는 왜 힘이 약해졌을까요?

참쌤 동영상

신라의 전성기를 이끌어 가던 경덕왕은 늦게 아들을 얻은 후 어린 아들을 남겨 두고 세상을 떠나고 말았어. 이 어린 태자가 혜공왕으로 즉위하자 귀족 세력들이 자주 반란을 일으켜 왕권은 나날이 약해졌어. 이때부터 신라의 왕위 다툼은 갈수록 심해졌고, 약 150년 동안 왕이 스무 번이나 바뀔 정도로 혼란스러웠지.

▲ **해인사 길상탑과 탑지(경남 합천)** 탑지에 '굶어서 죽고 싸우다 죽은 시체가 들판에 즐비하였다.'라고 당시의 사회 혼란이 쓰여 있음.

왕권이 약해지자 귀족들은 농장을 늘리고 호화로운 생활을 했어. 반대로 농민들은 정부의 수탈에 시달렸지. 게다가 흉년까지 겹치면서 농민들의 생활은 더욱 힘들어졌어. 결국 일부 농민들은 토지를 잃고 노비가 되거나 도망치게 되었어. 농민들은 참지 못하고 봉기를 일으키기도 했지.

도망친 농민들은 반란군을 조직하고 재물이 많은 사찰이나 집안을 약탈하면서 성장하여 호족이 되기도 했어. 지방 호족들은 왕권이 약해진 틈을 타 반란을 일으키기도 했어. 그런데 신라는 이들을 진압할 힘조차 남아 있지 않았어.

한 지방을 다스릴 만큼 세력이 커진 사람들을 호족이라고 해요.

♦ **수탈** 강제로 빼앗음.
♦ **봉기(蜂** 벌 **봉, 起** 일어날 **기)** 벌 떼처럼 떼 지어 세차게 일어남. 주로 반란군이 일어남을 뜻함.
♦ **약탈(掠** 노략질할 **약, 奪** 빼앗을 **탈)** 폭력을 써서 남의 것을 억지로 빼앗음.

참쌤이 들려주는

역사 이야기 우리나라 최초의 농민 봉기

신라 말, 귀족들 간의 왕위 다툼과 농민 수탈, 전염병과 흉년 등으로 농민들의 생활은 어려워지기만 했어요. 이러한 상황에서 신라 조정은 지방에서 조세를 바치지 않아 나라 살림이 어려워지자 관리를 보내서 농민들에게 세금을 독촉했어요. 농민들은 더 이상 참지 못하고 전국 각지에서 봉기를 일으켰어요. 그중 가장 먼저 일어난 것이 원종과 애노의 난이에요. 농민인 원종과 애노가 농민들을 이끌고 봉기를 일으킨 것인데, 신라 조정이 이를 진압하려고 했지만 실패했어요.

봉기가 일어난 지역 ▶

비주얼 씽킹

신라 말 사회의 혼란

정답 198쪽

귀족들의 권력 다툼

어린 태자가 즉위하자 귀족들이 왕위 다툼을 하여 (❶   )이 약해졌어요.

귀족들의 재산 축적

귀족들은 (❷   )을 늘리고 호화로운 생활을 했어요.

농민들의 봉기

농민들의 생활은 점점 어려워졌고, 전국 곳곳에서 농민들의 봉기가 일어났어요.

호족의 성장

왕권이 약해지자 지방에서 (❸   ) 세력이 성장했어요.

초성 Quiz

1 혜공왕 즉위 후 신라는 (ㅇㅇ) 다툼이 심해졌다.

☐ 왕위   ☐ 일위

2 신라 말 어려워진 농민들은 (ㅂㄱ)를 일으키기도 했다.

☐ 봉기   ☐ 방귀

3. 통일 신라와 발해 **129**

15 호족은 어떤 사람들인가요?

참쌤 동영상

신라 말 왕권은 급격하게 쇠퇴하였고, 지방을 지배하던 힘도 약해지고 말았어. 이때 지방에서는 호족이 등장하게 돼. 호족들은 자신의 지역을 직접 다스리면서 스스로를 성주, 장군 등으로 부르며 왕처럼 행동했어. 중앙 정부가 지방을 통치할 힘을 잃어버린 틈을 타 지방의 호족 세력들은 자신의 힘을 키워갔지.

세력을 키운 지방 호족들은 백성들의 마음을 모을 새로운 사상을 원했어. 백성들이 왕실을 섬기지 않기를 바랐거든. 이때 지방 호족들에 의해 새로운 불교인 선종 사상이 들어왔어. 마침 풍수지리설까지 퍼지면서 신라 사람들은 새로운 사상에 흡수되었어. 선종은 백성들이 중앙 정부에 대한 애정을 버리는 데에 큰 역할을 했지.

선종이란 무엇인가요?

선종은 문자나 경전을 읽는 것이 중요한 것이 아니라 마음을 닦아 깨달음을 얻는 것이 중요하다고 가르치는 불교의 종파란다.

더불어 호족들은 신라의 골품제에 불만을 품고 있었던 6두품 지식인들과 손을 잡았어. 6두품 중에는 실력이 뛰어나지만 출세를 하지 못한 사람들이 많았거든. 이들은 골품제를 비판하면서 새로운 사회 건설을 준비했어.

신라 말의 혼란과 약화된 왕권을 이용해 호족은 각 지방에서 군대를 거느리며 재산을 모았고, 새로운 나라를 세우는 호족도 생겨났어.

쇠퇴(衰 쇠할 **쇠**, 退 물러날 **퇴**) 기세나 상태가 쇠하여 전보다 못하여 감.

풍수지리설(風 바람 **풍**, 水 물 **수**, 地 땅 **지**, 理 다스릴 **리**, 說 말씀 **설**) 지형이나 방향을 인간의 좋고 나쁜 일과 연결시켜, 죽은 사람을 묻거나 집을 짓는 데 알맞은 장소를 구하는 이론.

호족

왕

호족

역사 이야기 신라의 호족, 견훤과 궁예

신라 말기 지방에서 군대를 키우고 재산을 모아 큰 세력으로 성장한 대표적인 호족이 견훤과 궁예예요. 그들은 신라를 버리고 자신들을 따르는 무리를 모아 각자 새로운 나라를 세웠어요. 그것이 바로 견훤의 후백제와 궁예의 후고구려 예요. 신라는 자기 땅에서 생겨나는 새로운 군대 세력과 반란조차 진압하지 못하고 다른 나라가 생겨나는 것을 바라봐야만 할 정도로 힘이 약해져 있었어요. 천 년 역사를 자랑하던 신라의 마지막 모습은 이렇게 초라했어요.

 호족의 성장

정답 198쪽

왕권의 약화

신라의 중앙 정부는 지방을 통치할 힘이 약해졌어요.

지방에서는 자신의 지역을 직접 다스리는 (❶   )이 생겨났어요.

선종, 풍수지리설 등의 사상이 들어왔어요.

호족의 성장

호족은 군대를 거느리고 재산을 축적해 새로운
(❷   )를 세울 만큼 성장했어요.

초성 Quiz

1 신라 말 왕권이 약해지자 지방에서 (ㅎㅈ) 이라는 세력이 성장하였다.
□ 호족   □ 한족

2 (ㅅㅈ)은 마음을 닦아 깨달음을 얻는 것 이 중요하다고 가르치는 불교의 종파이다.
□ 선종   □ 상종

후삼국 시대는 어떻게 시작되었을까요?

참쌤 동영상

신라 말기의 혼란을 틈타 크게 세력을 모은 호족들 중에 견훤과 궁예는 각각 백제와 고구려를 다시 세우기로 결심했어.

신라의 군인이었어.

견훤은 5,000명이 넘는 무리를 이끌고 막강한 군사력으로 신라의 성들을 빼앗았어. 그리고 지금의 전주인 완산주에 후백제를 세웠지. 궁예는 군대를 이끌고 강원도, 경기도, 황해도 지역을 휩쓸며 송악 지역에서 스스로를 왕이라 부르고 후고구려를 세웠어. 그래서 다시 신라, 후백제, 후고구려의 삼국으로 나뉘었지.

후삼국 시대 초반에는 후백제가 가장 빨리 힘을 키웠어. 서해안을 끼고 있어서 중국과 원활히 무역을 할 수 있었고, 곡식이 많이 나는 평야 지대를 차지하고 있었거든. 뒤를 이어 백성들의 굳은 믿음을 얻은 궁예의 후고구려가 빠르게 성장했고, 얼마 지나지 않아 후삼국 가운데 가장 넓은 지역을 다스리게 되었어.

신라는 끝없는 왕위 다툼과 반란으로 인해서 더 이상 나라를 지킬 힘이 없었어. 후삼국 시대가 열리고 신라는 점점 멸망하기 시작했어.

견훤은 유언으로 완산이 그립다고 하여 맑은 날 전주의 모악산이 보이는 논산에 묻혔다고 해.

♥ **막강(莫** 없을 **막, 強** 강할 **강)** 더할 수 없이 셈.

♥ **원활(圓** 둥글 **원, 滑** 미끄러운 **활)** 거침이 없이 잘 되어 나감.

참쌤이 들려주는

역사 이야기 궁예의 출생 이야기

궁예는 날 때부터 치아가 나 있었고, 궁예가 태어나던 날에는 하늘도 축복하듯 하얀 빛이 널리 퍼져 있었다고 해요. 궁예는 신라의 왕자였으나 점쟁이가 이 아이는 신라의 왕에게 해가 될 것이라 예언하여 왕은 아이를 죽이라고 명령했어요. 명을 받은 군사들은 궁예를 높은 곳에서 집어 던졌는데 유모가 몰래 받아 목숨을 건졌어요. 그러나 그때 궁예는 유모의 손에 눈이 찔려 한쪽 눈을 잃었고 결국 평생 애꾸눈으로 살아갈 수밖에 없었어요. 이후 유모는 궁예를 안고 도망가 숨어 살았다고 해요.

 비주얼 씽킹

후삼국의 성립

견훤과 궁예의 성장
신라 말기의 혼란을 틈타 견훤과 궁예가 세력을 키웠어요.

후백제 건국
견훤은 완산주에 (❶   )를 세웠어요.

후고구려 건국
(❷   )가 송악 지역에 후고구려를 건국했어요.

후백제와 후고구려의 성장
후백제와 후고구려는 계속 성장하고 (❸   )는 점점 힘이 약해졌어요.

 초성 Quiz

1 (ㄱㅎ)은 완산주 지역에 후백제를 세웠다.
　□광희　　　　　　□견훤

2 궁예는 송악 지역에 (ㅎㄱㄱㄹ)를 세웠다.
　□후고구려　　　　□환경관리

정답 199쪽

궁예 – 훌륭한 지도자 vs 폭정을 일삼았던 폭군

인물 알기

- 살았던 때: ?년~918년
- 직업: 후고구려의 1대 왕(901년~918년)
- 가족 관계: 확실하게 알려진 사항은 없으나, 신라 진골 출신 몰락한 집안의 후손이라는 이야기가 전해지며, 신라의 헌안왕 또는 경문왕의 아들이라는 이야기도 있음.

관련 키워드

\# 후고구려   \# 관심법   \# 미륵

인물 평가하기

궁예는 농민군을 이끈 훌륭한 지도자이다!

궁예는 원래 승려였으나, 혼란스러운 세상을 구하고자 하는 큰 뜻을 품고 절에서 나온 지 고작 3년 만에 3,500명 이상의 대군을 모았다. 그는 자신을 따르는 군인들을 항상 곁에서 돌보았으며, 모든 힘든 일을 함께하고, 솔선수범하여 모범이 되었다. 사람들을 휘어잡는 궁예의 지도력에 많은 사람들은 그를 두려워하는 동시에 깊게 사랑하여 장군으로 추대하였다. 궁예는 자기 스스로를 '미륵불'이라 칭하며 혼란스러운 세상으로부터 사람들을 구원하는 것을 자신의 사명이라 여겼다. 좋은 세상을 만들고자 했던 궁예의 사명이 훗날 고려로 명맥을 이어 가는 후고구려의 탄생을 이끌었던 것이다.

궁예는 미쳐버린 폭군에 불과하다!

궁예는 자기 스스로를 미륵불이라 부르며 온 몸을 값비싼 물건들로 치장했다. 백성들의 삶을 돌보기보다 자신을 추켜세우는 데에 많은 시간을 들였다. 또한 그는 자신이 사람의 마음을 읽는 관심법을 사용할 수 있다고 말하며 온갖 만행을 일삼았다. 아내와 아들들은 물론 수많은 신하들을 억울한 누명을 씌워 죽였고, 마음에 들지 않는 신하들을 쇠방망이로 내리치고는 했다. 자신을 구원자라고 말하며 폭정을 일삼던 궁예는 결국 성에서 쫓겨나 산 속으로 도망치다가 증오에 찬 백성들에게 맞아 죽고 말았다.

솔선수범(率 지킬 솔, 先 먼저 선, 垂 드리울 수, 範 법 범) 남보다 앞장서 지킴으로써 모범을 세움.

미륵불 불교 사상에서 미래에 나타나 세상을 구원한다는 부처님.

만행 야만스러운 행위.

정답 199쪽

생각정리
다음 자료를 보고, 빈칸에 들어갈 알맞은 내용을 쓰세요.

농민군을 이끌고 (**❶**   )를 건국했어요.

후고구려

자신의 아내와 두 아들을 잔인하게 죽였어요.

나를 따르라!

자신의 군대를 카리스마 있게 이끌고 모든 힘든 일에 솔선수범하여 함께했어요.

신하들에게 역적의 (**❷**   )을 씌우고 쇠방망이로 내리쳤어요.

왕
지방 호족

세력이 커지는 지방 호족을 막기 위해 (**❹**   )을 강화시켰어요.

자신을 (**❸**   )이라 부르며 모든 신하가 자신의 말을 따르기를 강요했어요.

생각쓰기
궁예를 어떻게 평가해야 하는지 자신의 의견을 자유롭게 써 보세요.

4. 고려의 성립과 변천

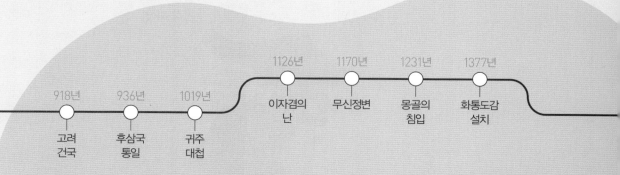

태조 왕건이 세운 고려는 어떤 문화를 발전시켰을까요?

고려는 왕건이 태조로 즉위하면서부터 475년 동안 이어지며 청자와 팔만대장경, 불화와 금속 활자 등으로 문화 예술을 꽃피웠어요. 또한 송, 거란, 여진, 아라비아 등 여러 나라와 활발하게 교류하며 고려를 세계에 알렸어요. 고려는 거란과 여진, 몽골의 침입을 모두 잘 막아 냈지만 고려 내부의 갈등으로 멸망하고 말았어요.

918년
고려
건국

936년
후삼국
통일

1019년
귀주
대첩

1126년
이자겸의
난

1170년
무신정변

1231년
몽골의
침입

1377년
화통도감
설치

4. 고려의 성립과 변천

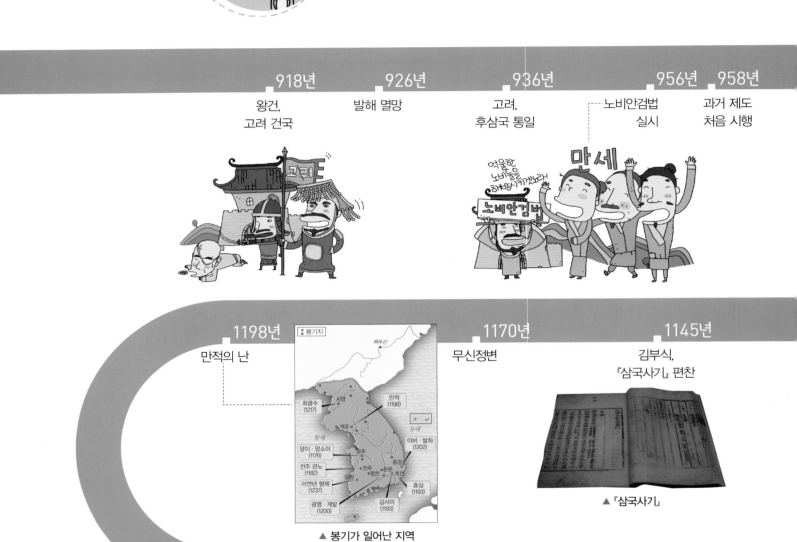

918년
왕건,
고려 건국

926년
발해 멸망

936년
고려,
후삼국 통일

956년
노비안검법
실시

958년
과거 제도
처음 시행

역울한
노비들을
해방시키겠노라!

만세

노비안검법

1198년
만적의 난

● 봉기지

백두산

최광수
(1217)
서경

만적
(1198)

개경

황해

망이·망소이
(1176)

전주 관노
(1182)

이연년 형제
(1237)

광명·계발
(1200)

충주

단양

전주
합천
운문
초전

동경

동해

이비·발좌
(1202)

효심
(1193)

김사미
(1193)

▲ 봉기가 일어난 지역

1170년
무신정변

1145년
김부식,
『삼국사기』 편찬

▲ 『삼국사기』

1231년
몽골의
1차 침입

1232년
강화도
천도

1236년
팔만대장경
판각 시작

개경

개경에서
강화도까지
금방이네.

강화도

1270년
삼별초,
대몽 항쟁 시작

1281년
일연,
『삼국유사』 편찬

고려에서 나라를 안정시키기 위해 실시한 제도와 여러 문화재를 살펴봐.

993년
거란의 1차 침입
– 서희의 담판

1010년
거란의 2차 침입

1019년
귀주 대첩

1033년
천리장성
축조 시작

1135년
묘청의 난

1126년
이자겸의 난

1107년
윤관, 여진 정벌
– 9성 축조

1091년
의천,
『속장경』 편찬

▲ 척경입비도(일부)

여진을 정벌한 뒤 9성을 쌓는 윤관의 모습이야.

1363년
문익점,
목화씨 들여옴.

1377년
최무선, 화통도감 설치
『직지심체요절』 인쇄

▲ 『직지심체요절』

01 고려는 후삼국을 어떻게 통일했을까요?

후고구려의 장군이었던 왕건은 여러 전쟁에서 승리하며 높은 자리에 올랐어. 왕건은 신하들과 함께 백성을 괴롭히는 궁예를 몰아내고 왕이 되었어. 왕이 된 왕건은 나라 이름을 고려로 바꾸고(918년), 도읍을 철원에서 송악(개성)으로 옮겼어.

927년 공산 전투에서 후백제가 신라를 공격하자 왕건은 신라를 도와 후백제군과 전투를 벌였지만 패배했어. 이후 고려는 군사를 훈련시키고 호족들을 고려 편으로 만들어 힘을 키웠어. 그리고 930년 고창 전투에서 후백제에 승리하지.

신라의 경순왕은 더 이상 나라를 이끌기 어렵게 되자, 스스로 나라를 고려에 넘겨주게 돼(935년). 고려는 아버지인 견훤을 절에 가두고 왕이 된 신검의 후백제군과 벌인 전투에서 승리해 후삼국을 통일(936년)하지.

▲ 후삼국 통일 과정

♥ 전투 두 편의 군대가 조직적으로 무장하여 싸움.

▼ 김제 금산사(전북 김제) 견훤이 아들 신검에 의해 강제로 갇혔던 절.

참쌤이 들려주는 역사 이야기 — 마의 태자 이야기

신라의 마지막 왕 경순왕은 신라를 고려에 넘기고 고려의 왕건 밑으로 들어가 안전하게 지내려고 했어요. 그러나 끝까지 이에 반대한 사람이 있었어요. 그는 경순왕의 아들, 즉 신라의 태자였어요. 태자는 천 년의 신라 왕조를 어찌 함부로 버릴 수가 있느냐며 끝까지 싸워야 한다고 주장했어요. 하지만 결국 경순왕이 고려에 항복하자, 태자는 장례 때 입는 삼베옷인 '마의'를 입고 금강산 깊숙한 곳에 들어가 풀뿌리를 먹으며 한평생을 살았다고 해요. 그래서 마의 태자라고 불러요.

비주얼 씽킹 — 고려의 후삼국 통일 과정

정답 199쪽

1. 고려 건국(918년)

궁예를 몰아내고 왕이 된 왕건은 나라 이름을 (❶   )로 바꿨어요.

2. (❷   )(927년)

후백제가 신라를 공격하자 고려가 신라를 도와 싸웠으나 고려가 패배했어요.

3. 고창 전투(930년)

이후 군사력을 키운 고려가 후백제와 싸워 승리했어요.

4. 신라 항복(935년)

신라의 (❸   )이 고려에 항복했어요.

5. 후백제 멸망(936년)

신검의 후백제군과 벌인 전투에서 고려가 승리해 후삼국을 통일했어요.

초성 Quiz

1 왕건은 나라 이름을 고려로 바꾸고 도읍을 (ㅅㅇ)으로 옮겼다.

☐ 송악　　　　☐ 서울

2 고려에 나라를 넘긴 신라의 마지막 왕은 (ㄱㅅㅇ)이다.

☐ 기성용　　　☐ 경순왕

고려 후삼국 통일의 의의는 무엇일까요?

참쌤 동영상

신라는 삼국 통일을 이루기 위해 당의 힘을 빌렸어. 삼국 통일 이후 북쪽에 발해가 세워져 신라는 옛 고구려 사람들까지는 통합하지 못했고, 우리 민족은 둘로 나뉘어졌었지.

고려는 통일 과정에서 다른 나라의 힘을 빌리지 않고 자주적으로 통일을 이루었어. 고려가 후삼국을 통일하기 전에 발해는 멸망했고, 고려의 왕건은 발해 유민들을 받아들였지. 이렇게 고려는 후백제와 신라를 통합하고, 발해 유민까지 받아들여서 실질적인 민족 통일을 이루었어.

▲ 통일 신라의 영토

고려는 발해 유민까지 받아들여 고구려의 옛 후손들까지 포용하였어.

▲ 고려 건국 초기 영토

중앙 귀족이 대부분의 권력을 독차지했던 신라와 달리 고려는 호족이라는 지방 세력의 도움을 받아 건국된 나라야. 그래서 고려는 지방 세력의 정치 참여가 확대되었지.

뿐만 아니라 고려는 옛 고구려, 백제, 신라의 문화를 모두 받아들여서 새로운 문화를 발전시킬 수 있었어. 여기에 유교와 불교, 도교까지 흡수시켜서 새로운 민족 문화 발전의 토대를 마련했지.

- **참여** 어떤 일에 끼어들어 관계함.
- **토대(土 흙 토, 臺 대 대)** 어떤 사물이나 사업의 밑바탕이 되는 기초와 밑천을 비유적으로 이르는 말.

참쌤이 들려주는
역사 이야기 왕건은 어떤 사람?

왕건은 877년 송악에서 왕륭과 한씨 부인 사이에 태어났어요. 왕건의 집안은 대대로 해상 무역에 종사해 온 호족이었어요. 왕건은 전투에 능하고 해상전에 강해 궁예의 부하가 되었을 때에 여러 전투를 승리로 이끌며 궁예와 백성들의 신임을 끌어냈어요. 이런 왕건이 고려를 세울 수 있었던 힘은 오랫동안 다져 놓은 인격 때문이에요. 자신의 부하일지라도 그 위에서 명령하거나 군림하지 않고 덕으로 대하였으며, 한때 원수였던 견훤조차도 받아들여 좋은 대접을 하였다고 해요.

비주얼 씽킹 후삼국 통일의 의의

정답 199쪽

자주적 통일

통일 과정에서 외세의 힘을 빌리지 않았어요.

실질적인 민족 통일

후백제와 신라뿐 아니라 발해 유민까지 받아들여 실질적인 (❷   ) 통일을 이루었어요.

지방 세력의 정치 참여 확대

고려는 호족이라는 (❶   ) 세력의 도움을 받아 건국되었어요.

새로운 민족 문화 발전의 토대 마련

옛 고구려, 백제, 신라의 문화를 모두 받아들여서 새로운 문화로 발전시켰어요.

초성 Quiz

1 왕건은 (ㅂㅎ)의 유민까지 받아들여 실질적인 민족 통일을 이루었다.

☐ 방학   ☐ 발해

2 고려는 (ㅎㅈ)이라는 지방 세력의 도움을 받아 건국되었다.

☐ 호족   ☐ 한족

03 태조 왕건의 정책에는 무엇이 있을까요?

참쌤 동영상

태조 왕건은 고구려의 옛 땅을 회복하기 위해 북진 정책을 추진했어. 그래서 나라 이름을 '태봉'에서 '고려'로 바꾸고, 옛 고구려의 도읍인 평양을 서경(개경 서쪽 도읍)으로 삼아 군대와 관리, 백성들을 보내서 살게 했지. 이렇게 함으로써 고려가 고구려를 계승한 나라라는 뜻을 분명히 했어. 태조의 북진 정책 결과 평안북도 청천강에서 함경남도 영흥만까지 영토를 넓힐 수 있었지.

▲ 북진 정책의 결과

태조에게는 아내만 30명쯤 있었고, 25명의 아들과 9명의 딸이 있었다고 해.

태조는 호족을 통합하기 위해 노력했어. 먼저, 태조는 세력이 큰 호족들의 딸과 혼인을 해서 그들을 자기편으로 만들었어. 또 한편으로는 기인 제도를 통해 호족을 경계했어. 기인 제도는 지방 호족의 자제들을 수도 개경에 머물게 한 제도인데, 지방에서 반란을 일으키면 자식의 목숨이 위태롭기 때문에 호족을 경계할 수 있었지.

▲ 혼인 제도

▲ 기인 제도

● **북진 정책** 고려와 조선 시대에 북방으로 나라의 세력을 뻗쳐 나가려는 정책.
● **경계**(警 깨우칠 **경**, 察 경계할 **계**) 뜻밖의 사고가 생기지 않도록 조심하여 단속함.

또 태조 왕건은 나라를 굳건히 유지하기 위해 후대 왕들이 꼭 지켜야 할 열 가지 가르침인『훈요십조』를 만들었어. 고려가 독자적인 제도를 갖춘 나라로 발전하기를 바라는 내용, 불교 숭상, 백성들의 안정과 단합된 사회를 이루라는 내용 등이 담겨 있는『훈요십조』는 고려의 국가 정책에 큰 영향을 주었어.

역사 이야기 『훈요십조』에 담긴 내용

참쌤이 들려주는

1조. 불교의 힘으로 나라를 세웠으니 불교를 장려할 것.

2조. 모든 절은 풍수지리설에 따라 세우고 함부로 짓지 말 것.

3조. 왕위는 맏아들이 계승하되, 맏아들이 현명하지 못하면 다른 신망 있는 아들이 계승하게 할 것.

4조. 우리나라는 사람과 땅이 중국과 다르니 중국의 제도를 억지로 따르지 말고, 거란의 제도를 본받지 말 것.

5조. 서경(평양)을 중시하고 1년에 100일 이상 머무를 것.

∶ 생략

『고려사절요』

태조 왕건의 정책

정답 199쪽

북진 정책

옛 (❶   )의 땅을 되찾기 위해 북진 정책을 추진했어요.

호족 통합 정책

혼인 제도와 기인 제도를 통해 (❷   ) 세력을 통합하는 한편 경계하려고 했어요.

훈요십조

왕들이 지켜야 할 열 가지 가르침을 만들어 나라를 굳건히 유지하기 위해 노력했어요.

1 왕건은 (ㄱㅇ) 제도를 통해 호족들을 경계하였다.

☐기인   ☐개인

2 (ㅎㅇ)십조는 왕건이 남긴 열 가지 가르침이다.

☐혼인   ☐훈요

04 광종과 성종의 정책에는 무엇이 있을까요?

참쌤 동영상

광종의 형인 혜종과 정종이 왕이 되고 얼마되지 않아 죽었어.

광종은 <u>왕위를 노리는</u> 호족 세력을 견제하기 위해 노비안검법과 과거 제도를 실시했어.

노비안검법이란 원래 양인이었지만 호족 세력에 의해 억울하게 노비가 된 사람들을 다시 양인으로 돌아가게 하는 제도야. 호족 대신 농사도 짓고 호족의 군사가 되었던 노비들을 풀어 줌으로써 호족의 힘을 약화시켰어. 게다가 양인이 된 노비는 국가에 세금도 내야 하기 때문에 왕권은 더 강해질 수 있었지. 그리고 시험을 통해 관리를 뽑는 과거 제도를 실시해서 왕에게 충성하는 신하를 뽑기도 했어.

▲ 노비안검법

▲ 과거 제도

성종은 즉위 후 관리들에게 정치에 대해 건의하는 글을 올리게 했어. 이 중 하나가 유학자 최승로의 '시무 28조'야. 최승로는 재정의 낭비를 불러오는 불교 행사를 축소하고 유교를 발전시킬 것을 주장했어. 성종은 이를 받아들여 불교의 폐단을 정리하고, 불교 행사인 연등회와 팔관회를 폐지했어.

또한 성종은 주요 도시 12곳에 지방관을 보내고, 2성 6부라는 관료 제도를 정비했어. 유학 교육을 위해서 국자감이라는 교육 시설을 설치하기도 했지.

성종은 선왕들이 불교를 숭상했던 것과 달리 유교를 받아들여 국가 통치 이념으로 삼아 국가 체제를 정비했어.

● **건의**(建 세울 **건**, 議 의논할 **의**) 개인이나 단체가 어떤 의견이나 희망을 내놓음. 또는 그 의견이나 희망.

● **폐단** 어떤 일이나 행동에서 나타나는 옳지 못한 경향이나 해로운 현상.

참쌤이 들려주는

역사 이야기 최승로의 '시무 28조'의 주요 내용

- 관리의 의복과 백성의 의복을 달리 해야 한다.
- 임금과 신하, 부모와 자식 간의 도리는 중국의 것을 따른다.
- 국가의 큰 행사(연등회, 팔관회)는 백성의 부담이 크므로 삼간다.
- 불교보다는 유교에 따라 통치한다.
- 왕은 교만하지 말고, 아랫사람을 공손히 대한다.
- 관리를 공정히 선발한다.
- 양인과 천인의 구별을 뚜렷이 해 아랫사람이 윗사람을 모욕하지 못하게 한다.

광종과 성종의 정책

정답 199쪽

광종

노비안검법을 실시하여 억울하게 노비가 된 사람들을 다시 (❶   )으로 돌아가게 하였어요.

(❷   ) 제도를 실시하여 왕에게 충성하는 신하를 뽑았어요.

성종

(❸   )의 '시무 28조'를 받아들여 불교의 폐단을 정리하고, 지방관 파견, 교육 시설 설치 등의 일을 했어요.

초성 Quiz

1 (ㄱㅈ)은 노비안검법과 과거 제도를 실시했다.
□ 광종   □ 과장

2 성종은 최승로의 (ㅅㅁ) 28조를 받아들였다.
□ 선물   □ 시무

05 고려에서는 어떻게 관리를 뽑았을까요?

참쌤 동영상

신라는 골품제라는 신분 제도가 있어서 태어난 신분으로 관직을 물려받거나, 추천을 받아 관리가 되었어. 또 국학에서 공부한 학생들이 시험을 치러 관리가 되기도 하였지.

고려에도 큰 공을 세운 사람이나 5품 이상 고위 관리의 자손에게 과거를 치르지 않고도 관직을 주는 음서제가 있었어. 그래서 나라를 세우는 데 공이 컸던 호족들과 그들의 친척들이 주요 관직을 차지할 수밖에 없었지.

그렇지만 광종 때 처음으로 공정하게 시험을 치러 관리를 뽑는 과거 제도가 실시되었어. 양인 이상의 신분은 누구나 과거에 응시할 수 있었기 때문에 가문이 좋지 않더라도 실력이 뛰어나면 관리가 될 수 있는 기회가 생긴 거야. 이렇게 과거 제도를 통해 뽑힌 신하들은 왕에게 충성하였고, 왕권은 더 강화되었지. 호족만 출세하던 사회 구조가 바뀌기 시작한 거야.

과거를 보려면 왕에게 충성하는 것을 중요하게 가르치는 유교를 공부해야만 했어.

또한, 관리들의 서열을 정하고 벼슬에 따라 다른 색깔의 공복을 입게 하였어. 광종은 공복 색깔로 관리의 지위를 한번에 알아볼 수 있게 한 거야. 이를 통해 질서를 바로 잡고 왕의 권위를 확실히 다질 수 있었지.

• **국학** 신라의 유교 교육 기관.
• **양인** 노비 등의 천인을 제외한 모든 백성을 일컫는 말.

이 문서는 고려 제21대 왕 희종 1년(1205)에 진사시에 급제한 장양수에게 내린 교지야.

▲ 장양수 과거 급제 증명 문서(국보 제181호)

참쌤이 들려주는 역사 이야기 — 과거 시험의 종류

과거 시험에는 여러 종류가 있었어요. 먼저, 문학적 재능과 정책적 판단력을 평가하는 '제술과'가 있었어요. 고려는 외교 문서를 작성하는 일 등에 뛰어난 사람을 잘 대우했기 때문에 제술과가 가장 인기 있었다고 해요. 그리고 유교 경전에 대한 이해 능력을 평가하는 '명경과'가 있었어요. 시험관이 유교 경전에 대해서 물어보면 대답하는 시험이었지요. 또한 법률, 회계, 지리, 의학 등 실용적인 학문 능력을 평가하여 통역관이나 의관 같은 전문직을 뽑는 '잡과'가 있었어요. 승려가 되기 위해 치르는 '승과'도 있었어요.

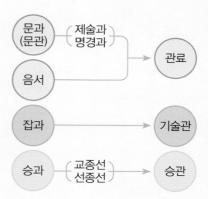

고려의 관리 선발 제도

음서제

큰 공을 세운 사람이나 5품 이상 고위 관리의 자손에게 관직을 주었어요.

나라를 세우는 데 공이 컸던 (❶   )의 힘이 커졌어요.

과거제

(❷   ) 이상의 신분은 누구나 과거에 응시하여 시험을 보고 관직을 받을 수 있도록 했어요.

과거 제도로 뽑은 신하들이 왕에게 충성하였고, 왕권이 강해졌어요.

초성 **Quiz**

1 (ㄱㄱ) 제도는 광종 때 처음 실시되었다.
☐ 고기   ☐ 과거

2 광종은 벼슬에 따라 다른 색의 (ㄱㅂ)을 정해 입게 하였다.
☐ 교복   ☐ 공복

정답 199쪽

광종 – 고려 초 중앙 집권 정치 마련 vs 호족에 대한 피의 숙청

인물 알기
- 살았던 때: 925년~975년 7월 4일 (음력 5월 23일)
- 직업: 고려 제4대 임금(949년~975년)
- 가족 관계: 고려를 개국한 태조 왕건의 아들, 왕위에 오른 지 4년 만인 27세에 젊은 나이로 죽은 정종의 동생임.

관련 키워드
#쌍기 등용   #노비안검법   #과거 제도 실시   #칭제건원   #피의 숙청

인물 평가하기

광종은 고려의 중앙 집권 정치를 마련한 왕이다!

태조 왕건이 세상을 떠나자 왕권 다툼이 치열해졌다. 2대 왕인 혜종은 왕이 된 지 2년 만에 죽고, 3대 왕인 정종은 즉위한 지 4년 만에 죽었다. 이렇게 젊은 왕이 계속 일찍 죽으면서 왕의 권위는 약해졌고, 호족들의 세력은 점점 커졌다. 이러한 호족들과 왕실 외척들의 강한 세력을 누르고 왕권을 강화하기 위한 정치 개혁을 추진했던 왕이 광종이다. 노비안검법을 실시하고, 과거 제도를 실시하여 신진 세력을 등용하는 틀을 만들었으며, 공복 제도를 실시했다. 또한 '광덕'이나 '준풍'이라는 연호를 사용하고 개경을 황도로, 서경을 서도로 부르며 고려의 국가적 위상과 왕권을 나라 안팎으로 과시하였다.

광종은 호족에 대한 피의 숙청을 벌인 왕이다!

『고려사』에 '개경과 서경의 고위 관료 가운데 절반이 처형당하여 대관료 가운데 살아남은 자가 겨우 40여 명에 불과했다'라고 나와 있듯이, 광종은 대대적인 숙청을 하였다. 광종은 정책에 대한 호족의 반발에 단호하게 대처했다. 평농서사 권신의 참소를 시작으로 누군가 반란을 꾀하고 있다는 신고가 들어오면 지위에 상관없이 귀양을 보내거나 처형해 버렸고 조금이라도 의심이 가면 벌을 내렸다. 심지어 자신의 아들까지도 의심해 죽이려고 했다.

광종이 죽고 경종이 왕위에 오르자 광종의 정책에 반발하던 호족들이 다시 세력을 키우기 시작했다. 광종 때 만든 제도들을 무시하며 과거 시험에 합격해 광종의 정책을 추진했던 관리들을 죽이거나 내쫓으면서 자신들의 권력을 강화하는 데 혈안이 되고 말았다.

- **칭제건원** 왕을 황제라 부르고, 독자적인 연호(광덕, 준풍)를 사용해 국왕의 권위를 높임.
- **연호** 해(年)를 부르는(呼) 이름.
- **숙청** 자신의 세력에 반대하는 자들을 추방하는 것.
- **참소** 남을 헐뜯어서 죄가 있는 것처럼 꾸며 윗사람에게 고하여 바침.

생각정리

다음 자료를 보고, 빈칸에 들어갈 알맞은 내용을 쓰세요.

안 돼…

(❶   )을 실시하여 호족의 힘과 재산이었던 노비를 풀어주었어요.

(❷   )에 대한 대대적인 숙청을 벌였어요.

너도 의심스러움..

전 아들 이에요ㅠ.ㅠ

양인 이상을 누구나!

(❸   ) 제도를 실시하여 인재를 뽑았어요.

너는 이옷!

벼슬에 따라 (❹   ) 색깔을 정하여 질서를 세우려 하였어요.

다시 일어나라!

충!성!

쑥쑥

광종이 죽은 후에 호족들이 다시 세력을 키우기 시작했어요.

(❺   )이 강화되었어요.

 생각쓰기

광종을 어떻게 평가해야 하는지 자신의 의견을 자유롭게 써 보세요.

06 거란은 왜 고려를 침입했을까요?

참쌤 동영상

고려는 고구려의 땅을 되찾기 위해서 북진 정책을 추진했기 때문에 거란과 사이가 좋지 않았어. 게다가 거란이 발해를 멸망시켰기 때문에 고려는 거란을 더욱 적대시했지. 반면 바다 건너편에 있는 송과는 가까이 지내며 교류했어.

거란이 태조에게 선물로 낙타를 보냈더니 태조가 그 낙타를 굶겨 죽였을 정도였어.

당시 송을 경쟁 관계로 생각한 거란은 송과 친하게 지내는 고려를 침략하려는 계획을 세웠지. 그래서 거란은 80만 대군을 이끌고 고려를 침략했어. 그런데 대군을 이끌고 온 거란은 고려에 항복하라는 편지만 보내고 공격을 하지 않았어. 거란은 고려 정복에 큰 힘을 쏟기 힘들었던 거야. 이를 눈치챈 서희는 거란의 장수인 소손녕과 담판을 벌였지.

사실 거란은 송을 공격하고 싶었는데 바로 송을 공격하면 고려가 송을 도와줘서 자신들이 전쟁에서 질까봐 걱정했던 거야.

고려는 신라의 땅에서 시작한 나라가 아닌가. 고려에서 우리 땅을 침범하고 있으니 당장 내놓으시게.

▲ 소손녕

고려는 고구려를 계승한 나라이다. 그래서 나라 이름을 고려라고 하고, 서경을 도읍지로 하였다.

▲ 서희

거란과 국경을 접하고 있으면서 어찌 바다 건너 송과 더 가깝게 지내는 것인가.

▲ 소손녕

고려와 거란 사이에 여진이 있어 교류하지 못한 것이다. 여진을 내쫓고 다시 우리 땅으로 만든다면 거란과 교류하며 지낼 수 있다.

▲ 서희

서희가 소손녕과 벌인 담판에서 고려는 송과의 관계를 끊고 거란과 교류할 것을 약속했어. 그리고 옛 고구려 땅인 강동 6주를 거란으로부터 돌려받았어.

● 담판 (談 말씀 담, 判 판가름할 판) 서로 맞선 관계에 있는 쌍방이 의논하여 옳고 그름을 판단함.
● 계승 (繼 이을 계, 承 받들 승) 조상의 전통이나 문화유산, 업적 따위를 물려받아 이어 나감.

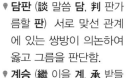

강동은 강의 동쪽, 즉 '압록강의 동쪽'을 뜻해. 또 6주는 흥화진·용주·철주·통주·곽주·귀주로, '여섯 개의 마을'을 뜻해.

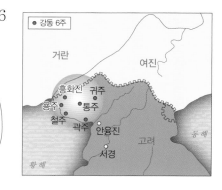
● 강동 6주

참쌤이 들려주는

역사 이야기 거란의 두 번째 침입

서희의 담판에서 고려는 송과 교류를 하지 않기로 약속했었어요. 그런데 그 이후에도 고려는 계속 송과 우호적인 관계를 유지했어요. 마침 이때 고려에서는 강조가 목종을 죽이고 현종을 왕위에 앉혔어요. 고려를 못마땅하게 여겼던 거란은 강조의 정변을 트집 잡아 고려를 다시 침략했어요. 이때 고려의 수도인 개경까지 함락되기도 했지요. 결국 고려가 송과 친하게 지내지 않겠다는 약속을 하면서 거란군이 물러났어요. 그러나 양규가 이끄는 고려군은 물러가는 거란군을 끝까지 쫓아가 크게 물리쳤어요.

정답 199쪽

비주얼 씽킹 ## 거란의 첫 번째 침입

1. 고려와 거란의 관계

고려는 (❶   )과 친하게 지내고 거란과는 사이가 좋지 않았어요.

2. 거란의 고려 침략

거란은 80만 대군을 이끌고 고려를 침략했어요.

3. 서희의 외교 담판

(❷   )는 거란의 장수 소손녕과 담판을 벌였어요.

4. 강동 6주

서희의 담판으로 고려는 (❸   )를 거란으로부터 돌려받았어요.

초성 **Quiz**

1 (ㅅㅎ)는 외교 담판을 통해 거란과의 전쟁을 막아냈다.
☐ 서희   ☐ 사회

2 담판 이후 고려는 거란에게서 옛 (ㄱㄱㄹ) 땅인 강동 6주를 돌려받았다.
☐ 개구리   ☐ 고구려

07 거란은 왜 다시 고려를 침입했을까요?

참쌤 동영상

거란은 3차례 고려를 침입했어. 1차는 서희, 2차는 양규, 3차는 강감찬이 막아냈지.

서희의 외교 담판 이후 고려는 거란과의 약속을 잘 지키지 않았어. 그래서 거란은 고려에 몇 차례 더 침입했는데 강동 6주를 돌려달라며 10만 대군을 이끌고 세 번째로 고려로 쳐들어왔어. 고려는 거란과의 여러 차례 전투를 거치며 대규모 침입을 예상하고 군대를 양성했어. 이때 고려군을 이끈 장군이 바로 강감찬 장군이야.

강감찬은 거란군을 물리치기 위해 병사들을 산에 매복시킨 후 냇물을 막고 기다렸어. 거란군이 가까이 오자 막아 둔 강물을 터뜨려서 거란군을 당황하게 만들고 매복해 둔 병사들이 거란군을 공격하게 했어. 고려군의 거센 공격으로 거란에 큰 타격을 입혔지.

이후 거란은 다시 고려를 공격했지만 쉽지 않았어. 전세가 불리해진 거란군은 후퇴하기 시작했지. 고려군은 후퇴하는 거란군이 쉽게 도망가지 못하도록 좁은 계곡으로 유인했어. 마침 거센 바람이 몰아치기 시작했고, 강감찬은 기회를 놓치지 않고 공격을 퍼부어 승리를 거두었지. 이 전투가 귀주 대첩(1019년)이야. 거란을 물리친 고려는 외적의 침입에 대비하고 국경을 더욱 튼튼하게 지키기 위해 압록강에서 동해안까지 천리장성을 쌓았어.

◀ 강감찬 동상

● **매복(埋 묻을 매, 伏 엎드릴 복)** 상대편의 동태를 살피거나 불시에 공격하려고 일정한 곳에 몰래 숨어 있음.

● **전세(戰 싸울 전, 勢 기세 세)** 전쟁, 경기 따위의 형세나 형편.

참쌤이 들려주는 역사 이야기 — 전쟁 중에 만든 대장경

대장경이란 불교에서 중요한 글들을 모아 놓은 거예요. 고려는 거란의 침입 때 대장경을 만들었어요. 왜 하필 전쟁 중에 대장경을 만들었을까요? 그건 대장경을 만든 목적이 부처님이 고려를 도와서 거란의 침입을 물리쳐 주기를 바라는 것이었기 때문이에요. 처음 만든 대장경판은 몽골이 침입했을 때 불에 타고 인쇄본만 남았어요. 그래서 몽골이 침입했을 때 대장경을 다시 만들었지요. 이 새로 만든 대장경이 바로 팔만대장경이에요.

▲ 고려 현종 때 거란의 침입을 물리치기 위해 만든 우리나라 최초의 대장경

정답 199쪽

비주얼 씽킹 — 거란의 세 번째 침입

1. 거란의 침입

고려가 약속을 지키지 않자 (❶   )이 다시 고려를 침입했어요.

2. 고려의 반격

둑으로 냇물을 막아 두고 거란이 가까이 왔을 때 둑을 터뜨려 거란을 당황하게 만들었어요.

3. 귀주 대첩

매복해 둔 병사들이 거란군을 공격하고 (❷   )은 거란을 끝까지 물리쳤어요.

4. 천리장성 축조

거란의 침입을 물리친 고려는 (❸   ) 을 쌓아 국경을 튼튼히 했어요.

초성 Quiz

1 강감찬은 (ㄱㅈ) 대첩에서 거란을 끝까지 무찔러 크게 승리했다.

☐ 거주　　　☐ 귀주

2 거란을 막아 낸 후 고려는 (ㅊㄹㅈㅅ)을 쌓아 외적의 침입에 대비했다.

☐ 천리장성　　　☐ 천리장승

08 고려는 어떻게 여진의 침입을 막아 냈을까요?

참쌤 동영상

고려의 북쪽에 있었던 여진은 고려를 부모의 나라로 섬겼었어. 고려도 여진에게 선물을 주면서 고려로 들어오도록 했지. 그러던 여진이 점점 세력을 넓혀서 고려의 국경을 자주 위협했어.

> 여진은 발해에 포함되어 있던 말갈 사람들이 이름을 바꾼 거야.

고려의 장수 윤관은 왕의 명령을 받아서 군대를 이끌고 여진을 공격하러 갔지. 여진은 기병을 중심으로 군대가 구성되어 있어서 고려는 큰 성과를 얻지 못하고 돌아와야 했어. 그래서 윤관은 여진을 막으려면 고려도 기병 부대를 양성해야 한다고 주장하여 기병 중심의 별무반이 만들어졌어. 별무반에는 일반 병사뿐 아니라 스님들로 구성된 부대도 있었어.

고려는 별무반을 중심으로 여진을 물리치는 데 성공했어. 여진을 몰아내고 동북 9성을 확보해 고려의 영토로 삼았지. 이후 여진은 계속해서 땅을 돌려달라고 요청하고 조공까지 바치겠다고 했어. 고려 입장에서는 동북 9성이 너무 넓고 변방 지역이라 적의 침입을 막아 내기도 어려웠어. 결국 고려는 더 이상의 전쟁을 피하기 위해 동북 9성을 여진에게 돌려주었어.

- **기병**(騎 말탈 **기**, 兵 군사 **병**) 말을 타고 싸우는 병사.
- **조공**(朝 아침 **조**, 貢 바칠 **공**) 종속국이 종주국에 때를 맞추어 예물을 바치던 일.

▲ 척경입비도

▲ 여진을 정벌한 뒤 9성을 쌓는 윤관

▲ '고려지경'이라고 새긴 비석을 세우는 모습

참쌤이 들려주는

역사 이야기 별무반의 구성

고려의 군대는 보병 중심이다 보니 기병에 약했어요. 그래서 윤관의 건의에 따라 별무반을 만들게 되었어요. 별무반은 기병 부대인 신기군, 보병 부대인 신보군, 스님으로 이루어진 항마군으로 구성되었어요. 이때 불교가 나라를 지키고 충성하는 것을 중요하게 생각했기 때문에 항마군이 만들어진 거예요. 별무반은 위로는 귀족에서부터 아래로는 농민과 노비에 이르기까지 계층도 다양했어요. 이러한 별무반은 결국 윤관을 도와서 9개의 성을 차지하는 데 성공했어요.

비주얼 씽킹 여진의 침입

정답 199쪽

고려와 여진의 관계

여진은 고려를 부모의 나라로 섬겼었지만 점점 세력을 넓혀 고려의 국경을 위협하기도 했어요.

여진의 기병 부대

여진은 (❶   )을 중심으로 군대가 구성되어 있어 고려가 쉽게 이길 수 없었어요.

고려의 별무반

고려는 여진의 침입을 막기 위해
(❷   )을 조직했어요.

동북 9성

고려는 여진을 몰아내고 (❸   )을 확보했지만 여진의 요청으로 동북 9성을 다시 여진에게 돌려주었어요.

초성 Quiz

1 (ㅇㅈ)은 고려를 부모의 나라로 섬겼지만, 점차 세력을 넓히며 고려를 위협했다.

☐ 여주   ☐ 여진

2 여진에 대적하기 위해 조직한 별무반은 (ㄱㅂ) 중심의 군대이다.

☐ 기병   ☐ 기분

09 개경과 벽란도는 어떤 곳이었을까요?

참쌤 동영상

개경은 왕건이 즉위한 후부터 고려가 멸망할 때까지 약 500년 동안 고려의 도읍이었어. 왕과 지배층이 개경에 살았지. 개경은 육로 및 수로 교통이 편리했어. 한반도의 가운데에 자리 잡고 있어 전국을 다스리기에 편리했지. 또한 바다가 가까워 이웃 나라와 무역하기에 유리했고 임진강과 예성강, 한강 등이 가까워 뱃길을 통해 세금을 운반하기 좋았어.

개경은 고려의 경제 중심지였어. 고려에서 가장 인구가 많았고, 또 든든한 경제력을 갖춘 지배층이 많이 살고 있었기 때문에 경제 활동이 활발했어. 개경에는 일반 백성들이 물건을 사고파는 시장도 많았고, 나라에서 운영하는 시장도 있었어. 이를 '시전'이라 불러.

수도인 개경으로 배가 접근하려면 입구에서 꼭 들르게 되는 항구가 있었는데 바로 벽란도야. 벽란도는 고려 시대에 예성강 하류에 있었던 국제 무역항이야. 이처럼 고려 시대에는 바닷길을 통한 상업이 발달했는데, 송뿐만 아니라 거란, 여진 등과도 바닷길로 활발하게 교류했었다고 해. 한편, 고려는 아라비아 상인들에 의해 '코리아'라는 이름으로 서방 세계에 알려졌지.

수심이 깊어서 크고 작은 배들이 쉽게 드나들 수 있었어.

•**접근(接** 이을 **접, 近** 가까울 **근)** 가까이 다가감.
•**국제** 나라 사이에 관계됨.

▲ 벽란도와 개경의 위치

▲ 송도 전경 성문으로 난 큰길 가에 시전이 늘어서 있는 개경 전경 그림.

참쌤이 들려주는
역사 이야기 고려에서 사용한 화폐

고려는 외국과의 무역이 활발해지자 물건을 사고팔 때 사용할 화폐가 필요했어요. 고려는 무역을 할 때 화폐 대신 주로 은을 사용했어요. 은은 고액의 가치를 지닌 물건이다 보니 화폐를 만들게 되었어요. 건원중보는 철로 만든 최초의 화폐예요. 나라에서는 화폐의 사용을 늘리려 했지만 큰 효과는 없었어요. 백성들은 물건을 사고팔 때 주로 쌀과 옷감을 사용하였어요.

▲ 건원중보

▲ 은병

은으로 만든 호리병 모양의 화폐로, 높이는 4cm 정도였어.

비주얼 씽킹

개경과 벽란도

정답 199쪽

개경

약 500년 동안 고려의 (❶   )이었어요.

육로와 수로의 중심에 위치해 (❷   )이 편리했어요.

뱃길을 통해 세금을 운반하기 좋았어요.

벽란도

(❸   )으로 가는 입구에 있는 항구로, 다른 나라 사람들과 활발히 교류하던 곳이에요.

초성 **Quiz**

1 (ㄱㄱ)은 고려의 도읍으로 국제적인 도시였다.
　□개경　　　　□국경

2 개경과 가까운 (ㅂㄹㄷ)는 국제 무역 항구로서 크게 번성하였다.
　□벽란도　　　□브랜드

10 고려는 주변 나라들과 무엇을 교류했을까요?

참쌤 동영상

후삼국 통일 이후 고려는 주변의 송, 거란, 여진, 일본과 다투기도 하였지만 평화로운 관계를 이어 나가려고 노력했어. 특히 활발한 무역 관계 속에서 서로의 물건을 교류하였다고 해. 무엇을 교류했는지 알아볼까?

거란 (요)

최근 고려에서 수입한 농기구와 곡식 덕분에 안 먹어도 배가 불러. 문방구와 서적은 우리 아이들이 잘 사용하고 있어. 참, 우리 거란이 수출한 말과 모피는 어때? 유목 민족들이 말이 좀 많아! 하하.

여진 (금)

우리 여진의 말과 모피도 굉장히 좋다고! 고려의 농기구와 바꾸지 않겠나?

송

내가 왔송! 벽란도가 송의 상인들로 늘 붐빈다며? 하긴, 우리 물건들이 고려의 귀족들이 좋아할 만한 것이긴 하지. 비단과 자기, 약재와 서적을 수출하고 은을 가져오는 우리 송의 상인들, 아주 칭찬해!

일본

우리와 고려의 무역은 다른 나라들에 비하면 활발하진 않지. 그렇다고 큰 다툼도 하진 않았어. 지난 번 고려에서 수입한 곡식과 인삼이 아주 인기가 많아. 조만간 한 번 더 사러 가겠네. 그땐 수은과 유황을 좀 가져갈까 해. 그날 보자고.

아라비아

코리아 너무 좋아요! 전 아라비아에서 온 상인입니다. 제가 가져온 수은과 향료를 좀 보실래요? 멀리 서쪽에서 가지고 온 만큼 코리아에서 보기 힘든 물건입니다. 오, 이 빛을 좀 보세요. 코리아의 금, 은, 비단 너무 빛나요. 수입해서 서쪽 나라들에게 보여 주고 싶어요!

● **교류(交** 사귈 교, **流** 흐를 류**)** 문화나 사상 등이 서로 통하는 것.
● **문방구** 학용품과 사무 용품 등을 통틀어 이르는 말.

참쌤이 들려주는

역사 이야기 고려에 다녀간 외국인

◀ 기욤 드릴의 세계 지도 중 일부

이 지도는 1724년 프랑스의 지도학자 기욤 드릴이 제작한 지도예요. 당시에는 유럽인들이 조선, 일본 등의 아시아를 돌아다니며 지도를 작성했다고 해요. 자세히 보면 우리나라에 '고려'라고 적혀 있는 걸 볼 수 있어요. 동해는 '고려의 바다(MER DE COREE, 메르 드 코레)'로 소개되어 있어요. 이것은 옛날부터 동해가 우리나라의 바다로 여겨졌다는 또 하나의 증거예요.

비주얼 씽킹   고려의 대외 무역

정답 199쪽

초성 Quiz

1 고려는 수출한 물품의 대가로 (ㅇ)을 받았다.

☐ 양   ☐ 은

2 (ㅇㄹㅂㅇ) 상인들은 외국에 고려를 코리아라는 이름으로 알렸다.

☐ 알리바이   ☐ 아라비아

11 고려 지배층의 모습은 어땠을까요?

참쌤 동영상

고려는 지방 세력인 호족이 세운 나라야. 신분이 높은 귀족만 권력을 차지했던 신라와 달랐어. 호족들은 세력을 키워 높은 자리에 올랐고 서서히 문벌 귀족으로 자리를 굳혀 갔어. 문벌 귀족들은 세력을 독차지하고 자신들의 신분과 재산, 토지를 물려주고 사치스러운 생활을 했어.

문벌 귀족의 사치스러운 생활을 보여 주는 물품들

▲ 은으로 만든 팔찌(국립중앙박물관 소장)

▲ 은으로 만든 뒤 금을 입힌 병(국립중앙박물관 소장)

문벌 귀족 중 세력이 가장 컸던 사람이 이자겸이었어. 이자겸은 왕보다 큰 세력을 누렸고 결국 왕이 되려고 반란을 일으켰어. 이자겸은 자신의 부하에게 제압되었지만 왕의 권위는 떨어지게 되었어.

묘청의 난은 『삼국사기』를 쓴 것으로 유명한 김부식이 진압했어.

당시 문벌 귀족은 금과 사대 관계를 유지하며 친하게 지냈어.

혼란스러운 사회 속에서 문벌 귀족과 금에 반대하는 새로운 세력이 등장하게 돼. 왕은 권위를 되찾기 위해 새로운 세력과 손을 잡지. 서경 출신인 새로운 세력은 서경으로 도읍을 옮기자고 했고 문벌 귀족은 반대하였어. 서경 세력을 주도하던 묘청은 결국 반란을 일으켰지만 긴 싸움 끝에 문벌 귀족에게 패배했어.

서경 천도 운동

서경으로 옮기면 내 힘이 좀 더 강해지겠지?

개경은 땅의 기운이 다했다네.

서경도 그렇게 땅이 좋아보이진 않더이다!

• **문벌**(門 문 문, 閥 공훈 벌) 대대로 내려오는 그 집안의 사회적인 신분이나 지위.
• **금** 여진족이 세운 나라.

참쌤이 들려주는 역사 **이야기** 굴비를 처음으로 선물한 사람

언제부터 우리는 굴비를 선물로 주었을까요? 이 물음에 대한 답은 '이자겸의 난'의 마지막 이야기에 있어요. 부하인 척준경의 배신으로 난은 진압되고 이자겸은 전라남도 영광으로 유배를 가게 돼요. 그런데 귀양살이 중 밥상에 오른 생선을 먹어 보니 아주 맛이 있는 거예요. 그래서 이 생선을 개경에 있는 왕에게 보내면서 "내가 비록 지금은 유배를 왔지만 결코 비굴하게 살지는 않겠다."라는 의미로 '굴비'라는 이름을 붙여 보냈어요. 그는 영광으로 유배된 지 1년도 되지 않아 생을 마감하게 돼요. 이후 영광 굴비는 특산품으로 인기가 높아졌다고 해요.

정답 199쪽

비주얼 씽킹 고려의 지배층

1. 문벌 귀족의 등장

(❶   )은 높은 관직과 많은 재산을 누리며 사치스러운 생활을 했어요.

2. 이자겸의 난

문벌 귀족인 (❷   )은 스스로 왕이 되고자 반란을 일으켰지만 진압되어 유배됐어요.

3. 묘청의 서경 천도 운동

문벌 귀족에 맞서 (❸   )이 서경으로 천도하자고 주장하며 반란을 일으켰지만 문벌 귀족에게 패하게 되었어요.

초성 Quiz

1 고려의 (ㅁㅂ) 귀족은 높은 신분과 많은 재산을 바탕으로 권력을 누렸다.
  □문벌   □마부

2 묘청은 (ㅅㄱ)으로 도읍을 옮기자고 주장했다.
  □상경   □서경

12 무신정변은 왜 일어났을까요?

참쌤 동영상

고려의 무신은 문신보다 지위가 낮았어. 무신이 맡아야 할 군사 지휘권마저 문신들이 맡아서 무신들의 불만은 쌓여갔지.

무신정변이 일어난 원인

▲ 안악 제3호분 벽화
(황해남도 안악군)

의종 24년 8월 그믐날에 의종이 보현원으로 행차하여 술을 마시던 중, 대장군 이소응에게 수박희를 시켰다. 대장군 이소응이 이기지 못하고 달아나려 하니, 문신이었던 한뢰가 갑자기 나서며 이소응의 뺨을 쳐서 섬돌 아래로 굴러떨어지게 하였다. 이 모습을 보고 임금과 문신들이 손뼉을 치며 즐거워하였다.

『고려사』 중

1170년, 무신 세력은 정중부를 중심으로 문신들을 제거하고 임금이었던 의종까지 귀양 보내는 반란을 일으켰어. 바로 '무신정변'이야. 무신이 문신에 비해 차별 대우를 받은 것을 참지 못하고 결국 반란을 일으킨 거지. 무신정변으로 무신들은 고려 건국 이후 권력을 독차지하고 있던 문신들을 몰아내고 1270년까지 100여 년 동안 정권을 차지했어.

권력을 차지한 무신들은 시간이 흐를수록 재물과 권력을 차지하기 위해 자기들끼리 싸움을 벌이게 되었지. 무신들의 권력 다툼으로 무신들은 민심을 잃게 되었어.

- ◆ **무신** 신하 가운데 무관인 사람.
- ◆ **문신** 문관인 신하.
- ◆ **수박희** 두 사람이 일정한 거리를 두고 마주 서서 손으로 힘과 기술을 겨루는 놀이.
- ◆ **정변**(政 정치 정, 變 변할 변) 혁명이나 쿠데타 등의 비합법적인 방법으로 정권이 변하는 것.

◀ 공민왕릉(개성시 개풍)

문신은 왕의 무덤과 가까운 윗단에 있고, 무신은 그 아랫단에 있는 것으로 보아 문신과 무신 간의 차별 대우를 알 수 있어.

 참쌤이 들려주는

역사 이야기 무신 정중부의 수염이 불에 탄 까닭

고려의 인종 때 한 해의 마지막 날이라 궁궐에서 잔치가 성대하게 열렸어요. 잔치가 무르익을 무렵, 김돈중이라는 문신이 무신 정중부에게 다가갔어요. 김돈중은 평소에 정중부가 부하들의 신뢰를 얻는 게 싫었어요. 김돈중은 초를 집어 들며 "그것 참, 수염이 탐스럽구려. 무신의 수염은 늘 이러한가?"라며 촛불로 정중부의 수염을 태워 버렸어요. 화가 난 정중부는 김돈중의 뺨을 때렸어요. 그런데 "감히 무신 따위가 문신을 때리다니"라며 오히려 정중부가 처벌을 받았대요.

 비주얼 씽킹 무신정변

정답 200쪽

무신정변

문신과의 차별 대우에 불만을 품은 무신들이 (❶   )을 일으켰어요.

무신 정권기

이의방	정중부	경대승	이의민	최충헌	최우	최항	최의	김준	임연	임유무

1170년 ⟵ 무신 정권기 ⟶ *1270년*

무신 정권기

1170년부터 1270년까지 (❷   )들이 정권을 차지했어요.

무신들의 횡포

시간이 흐를수록 권력과 재산을 차지하려고 무신들끼리 다투는 등 나라가 혼란스러워졌어요.

초성 Quiz

1 (ㅈㅈㅂ)는 문신에게 수염이 불에 타는 모욕을 겪었다.

☐ 정중부　　　☐ 족제비

2 문신들에 비해 차별을 받던 (ㅁㅅ)들은 정변을 일으켜 권력을 빼앗았다.

☐ 맹수　　　☐ 무신

13 무신 정권 시기 백성들의 삶은 어땠을까요?

참쌤 동영상

칼로 권력을 잡은 무신들은 백성에게 과도한 세금을 걷고 백성들의 토지를 빼앗았어. 백성들은 관리들의 부정부패를 견디지 못해 전국 곳곳에서 봉기를 일으켰어. 대표적인 봉기로 망이·망소이의 난, 만적의 난이 있어.

세금을 더 내라!

이게!

그 지역 안에서만 살게 하고, 세금을 과하게 걷었어.

망이·망소이의 난은 고려 명종 때인 1176년에 공주 명학소에서 망이와 망소이 형제가 중심이 되어 일으킨 반란이야. '소'는 나라에 바칠 물건을 만드는 사람들이 모여 살던 곳인데, 그곳에 사는 사람들은 천민이 아닌데도 일반 백성들에 비해 차별 대우를 받았어. 그들은 차별 대우를 참지 못하고 난을 일으켰지만 관군에게 패했어.

만적의 난은 고려 신종 때인 1198년에 노비인 만적이 중심이 되어 일으키려던 난이야. 당시 고려에는 노비 출신이었지만 벼슬에 오른 자가 있었어. 만적은 노비가 벼슬을 하는 것을 보고 노비 신분을 벗어나기 위해 난을 계획했어. 하지만 만적의 난은 시도해 보지도 못하고 발각되어 실패했어.

• **부정부패** 생활이 바르지 못하고 썩을 대로 썩은 상태.
• **반란(叛** 배반할 **반, 亂** 어지러울 **란)** 정부나 지도자에게 반대하는 행동을 계획하거나 행하는 일.
• **관군(官** 벼슬 관, **軍** 군사 **군)** 국가에 소속되어 있던 군대.

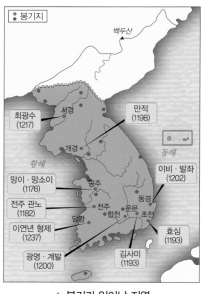

: 봉기지

백두산

최광수 (1217)
서경
만적 (1198)
개경
동해
이비·발좌 (1202)
황해
망이·망소이 (1176)
광주
전주 관노 (1182)
전주
동경
이연년 형제 (1237)
담양
합천
운문
초전
효심 (1193)
광명·계발 (1200)
김사미 (1193)

▲ 봉기가 일어난 지역

이렇게 많은 봉기가 일어난 것을 보면 백성들이 얼마나 힘들었을지 짐작이 가지?

참쌤이 들려주는 역사 이야기　　무신 정권 시기 농민의 생활

장안의 부호한 집에는
구슬과 패물이 산같이 쌓였네
절구로 찧어 낸 구슬 같은 쌀밥을
말이나 개에게도 먹이며
기름처럼 맑은 청주를
종들도 마음껏 마시네!

이 모두 농부에게서 나온 것
하늘로부터 받은 것이 아니로세
노는 사람들도 이와 같은데
농부들을 어찌 못 먹게 하는가?

– 이규보 〈동국이상국집〉 중에서 –

 무신 정권 시기 백성들의 봉기

정답 200쪽

망이 · 망소이의 난

공주 (❶　　　　)에서 일반 백성들과의 차별 대우에 불만을 품은 망이와 망소이 형제가 난을 일으켰으나 관군에 패했어요.

만적의 난

노비인 (❷　　　　)이 신분을 벗어 나기 위해 난을 일으키려 했으나 사 전에 발각되어 실패했어요.

초성 Quiz

1 공주 명학소에서 일반 백성들과 차별받던 (ㅁㅇ) · 망소이 형제가 난을 일으켰다.
☐ 망이　　　　☐ 무인

2 만적의 난은 (ㄴㅂ)인 만적이 신분을 벗 어나기 위해 일으키려 한 난이다.
☐ 노병　　　　☐ 노비

14 몽골의 침입에 고려는 어떻게 저항했을까요?

참쌤 동영상

무신들이 권력 다툼을 하는 사이에 고려 밖에서는 몽골이 세계적인 대제국으로 성장하여 고려를 위협하고 있었어.

> 여진이 고려와 몽골 사이를 이간질하려고 일으킨 일이라는 이야기가 있어.

그러던 중 고려에 왔다 돌아가던 몽골 사신이 피살되는 일이 일어났고, 이를 구실로 몽골이 고려를 쳐들어왔어(1231년). 고려의 군사와 백성들은 귀주성에서 몽골군의 공격을 막아 냈지. 이듬해 무신 정권은 도읍을 개경에서 강화도로 옮겨 몽골과의 싸움을 준비하였어.

> 강화도는 해안의 지형이 험해서 적이 접근하기 어려웠고, 도읍인 개경에 가까워서 적을 방어하기 좋은 군사적 요새였어. 그리고 몽골군이 말을 타고 바다를 건너긴 힘들었겠지?

▲ 강화도의 위치

몽골은 도읍을 강화도에서 개경으로 옮길 것을 요구하며 다시 쳐들어왔으나 고려 백성들은 처인성에서 크게 승리하였어. 몽골의 세 번째 침략에도 죽주성에서 몽골군을 물리쳤어. 하지만 오랜 전쟁으로 국토가 황폐해지고, 문화재가 불타는 피해를 입었어. 또한 여자와 아이들을 비롯한 많은 백성들이 몽골에 포로로 끌려갔어.

고려는 몽골과 화친을 맺고 도읍을 다시 개경으로 옮겼지만 고려의 특수 군대 삼별초는 이를 거부하고 대몽 항쟁을 계속했어. 삼별초는 근거지를 강화도에서 진도, 제주도로 옮겨 가면서 계속 싸웠지만 고려 정부와 몽골 연합군에 의해 진압되었어.

▲ 몽골의 침략 과정

♥ **피살**(被 당할 피, 殺 죽을 살) 죽임을 당함.

♥ **화친**(和 합칠 화, 親 친할 친) 나라와 나라 사이에 다툼 없이 가까이 지냄.

참쌤이 들려주는

역사 이야기   도읍을 강화도로 옮긴 까닭

몽골군이 물러나자, 최고 권력자인 최우가 강화도로 도읍을 옮기자고 했어요.
몽골과 싸울 때 강화도가 다음과 같은 좋은 점이 있었기 때문이에요.

• 몽골군이 해전에 약하기 때문에
• 강화도와 개경이 가깝기 때문에
• 곡식을 생산하기에 유리한 땅(지형)이기 때문에
• 밀물과 썰물의 차가 커 외부의 침입이 어렵기 때문에

몽골의 침입

정답 200쪽

1. 몽골은 몽골 사신의 죽음을 이유로 고려로 쳐들어왔어요.

2. 고려는 귀주성에서 몽골군의 공격을 막아 내고 도읍을 (❶   )로 옮겼어요.

3. 몽골이 다시 침략하자 처인성과 죽주성에서 고려가 몽골을 물리쳤어요.

4. 고려는 몽골과 화친을 맺고 수도를 다시 (❷   )으로 옮겼어요.

5. (❸   )는 근거지를 옮겨가며 끝까지 대항했지만 고려 정부와 몽골 연합군에 의해 진압되었어요.

1 (ㅁㄱ)은 기마 민족으로, 말을 이용한 전술에 뛰어났다.
☐몽골   ☐미국

2 (ㅅㅂㅊ)는 몽골과의 화친에 반대하며 끝까지 항쟁을 하였다.
☐신비초   ☐삼별초

15 원의 간섭은 어땠을까요?

참쌤 동영상

고려는 40여 년간 몽골군에 맞서 싸웠지만 몽골과 화친을 맺고 개경으로 돌아왔어. 이후 고려는 몽골이 세운 원의 간섭을 받게 돼.

▲ 원의 직할령 설치

원은 고려의 정치에 간섭하기 위해 정동행성을 설치했어. 정동행성은 처음에는 원이 일본을 정복하기 위해 만든 관청이었어. 그리고 원은 서경에 동녕부, 철령 이북 땅에 쌍성총관부, 탐라에 탐라총관부를 설치하여 지배함으로써 고려 영토의 일부를 원의 것으로 만들었어.

원은 고려의 왕을 자기들 마음대로 바꾸기도 했어.

고려의 영토를 일부 손에 넣은 원은 고려의 왕권도 장악하려 했어. 원은 고려의 왕자를 인질로 원에 데려가서 원의 공주와 강제로 결혼을 시켰어. 그렇게 해서 원은 고려를 사위의 나라로 만들어 원하는 대로 지배하려고 했어.

원은 고려에서 환관과 공녀를 데려가고, 어린 남자아이와 여자아이를 인질로 데려갔어. 그리고 말, 수달피, 의복 등 원에서 필요한 물건들은 마음대로 가져갔지. 그래서 고려의 백성들은 더욱 살기 어려웠어.

▶ **간섭**(干 막을 간, 涉 건널 섭) 직접 관계가 없는 남의 일에 부당하게 참견하는 것.
▶ **환관**(宦 벼슬 환, 官 벼슬 관) 고려 시대 왕을 가까이에서 돌보고 살피는 일을 하던 관직.
▶ **공녀**(貢 바칠 공, 女 여인 녀(여)) 고려 시대에 원의 요구로 여자를 바치던 일 또는 그 여자.

참쌤이 들려주는

역사 이야기 고려 후기 왕들의 이름

고려는 몽골과의 40여 년간 전쟁을 끝내고 고려를 지켰어요. 하지만 고려는 이후 약 100년 동안 원의 간섭을 받게 되죠. 원은 고려 왕실의 일을 하나하나 간섭했어요. 왕실의 모든 호칭을 원보다 한 단계 낮춰서 사용하게 했는데, 왕을 부를 때 '폐하'가 아닌 '전하', 왕자들도 '태자'가 아니라 '세자'라고 불러야 했지요. 그리고 왕의 이름을 지을 때는 '조'나 '종'이 아닌 원에 충성한다는 의미의 '충○왕'이라고 지어야 했어요.

비주얼 씽킹!

원의 간섭

정답 200쪽

(❶   ) 설치

원이 고려에 관청을 설치하여 정치에 간섭했어요.

왕자를 인질로 데려감.

고려의 (❷   )를 원에 인질로 데려가 원의 공주와 결혼시켰어요.

환관, 공녀 착출

사람과 물건을 원으로 빼앗아 갔어요.

고려의 영토를 빼앗음.

쌍성총관부, 동녕부, 탐라총관부를 설치하여 고려의 (❸   )를 빼앗았어요.

초성 Quiz

1 원은 (ㅈㄷㅎㅅ)을 설치하여 동쪽의 나라인 일본을 정벌하려는 계획을 세웠다.
  ☐ 정동행성   ☐ 정동혜성

2 고려는 수많은 처녀들을 원에 (ㄱㄴ)로 보내야 했다.
  ☐ 가나   ☐ 공녀

16 권문세족은 어떻게 성장했을까요?

참쌤 동영상

고려의 지배 세력은 처음에는 고려를 세울 때 왕건을 도왔던 호족이었고, 이후 호족 출신으로 대대로 높은 관직을 독차지한 문벌 귀족이었어. 그리고 문신과의 차별 대우로 반란을 일으킨 무신이 지배했지. 그렇다면 원의 간섭을 받을 때는 어떤 세력이 지배했을까?

원과 친하게 지내며 권력을 누린 사람들, 바로 권문세족이야. 그들은 원의 사람처럼 옷을 입고 이름도 바꾸었어. 권문세족은 주로 내시라고 불리는 환관, 원의 언어를 통역하던 역관, 그리고 군인 출신이었어.

농장 경영은 무신 정권 때 유행하기 시작하여 원의 간섭기에 더욱 심해졌지. 권문세족은 백성들의 토지를 강제로 빼앗았는데 산과 강을 경계로 땅의 소유를 나눌 만큼 소유한 땅이 아주 넓었다고 해. 권문세족은 이렇게 빼앗은 땅으로 대농장을 경영하며 힘을 키웠어.

농장을 경영할 때 필요한 노동력을 위해 농민들을 노비로 만든 거지.

이 넓은 땅에 농사를 지으려면 노비가 많이 필요했어. 그래서 권문세족은 일반 양인들을 억지로 노비로 만들기도 했어. 세금을 내던 양인들이 노비가 되니 나라에 걷히는 세금이 부족해져서 나라 살림이 어려워졌지. 이렇게 권문세족의 횡포가 극심해지고 왕의 권력은 점점 약해졌으며 백성들의 고통은 갈수록 심해졌어.

♦ **역관**(譯 통역할 **역**, 官 벼슬 **관**) 고려 시대 통역에 관한 일을 담당했던 관직.

역사 이야기 원의 모습과 닮은 고려의 모습들

고려로 들어온 몽골인들에 의해 고려에 몽골의 풍습이 전해지기 시작했어요. 몽골의 풍습이 고려에 전해져 지금까지 남아 있는 것을 살펴볼까요?

족두리	설렁탕	연지곤지	만두
원래 '고고'라고 하는 몽골 여인들의 외출용 모자였음.	몽골 음식 중 양을 잡아 삶아 먹는 슐루에서 유래했음.	몽골 여인이 결혼할 때 이마와 볼에 찍은 붉은색 화장이었음.	고려는 불교 국가여서 고기를 잘 먹지 않았는데 고기만두를 접하게 됨.

권문세족

정답 200쪽

권문세족은 (❶   )과 친하게 지내며 세력을 키웠고 원의 사람처럼 옷을 입기도 했어요.

권문세족의 횡포로 왕권이 약해지고, 백성의 삶이 힘들어졌어요.

권문세족은 백성의 토지를 강제로 빼앗아 (❷   )을 운영했어요.

권문세족은 환관, 역관, 군인 출신이 많았어요.

초성 Quiz

1 원 간섭기에는 원과 친하게 지내던 (ㄱㅁ) 세족이 큰 힘을 가지게 되었다.
□ 가문   □ 권문

2 (ㄷㄴㅈ)을 경영하려면 많은 노동력이 필요하여 농민들을 노비로 만들었다.
□ 대농장   □ 닭농장

17 공민왕은 어떤 개혁을 했을까요?

참쌤 동영상

원의 간섭을 받은 지 80여 년이 지날 때쯤, 약 10년을 원에서 살던 공민왕이 고려에 돌아와 왕위에 올랐어. 공민왕은 원이 서서히 쇠퇴하고 있음을 느끼고 간섭에서 벗어나기 위해 여러 가지 개혁을 실시했어.

> 당시 원은 내부에서 반란이 일어나고, 많은 전쟁이 일어나 나라의 힘을 잃어 가고 있었어.

먼저 당시 유행하던 몽골식 풍습을 버리고 고려의 전통을 되살리는 일에 앞장섰어. 몽골 옷인 호복, 앞머리와 옆머리를 깎아내리는 변발을 금지했지.

또 공민왕은 원이 빼앗은 고려의 땅을 되찾고자 했어. 그래서 원이 고려를 직접 통치하기 위해 설치한 쌍성총관부를 공격해 동북쪽의 영토를 되찾았지.

▲ 공민왕 때 수복한 영토

공민왕은 원에 빼앗겼던 북쪽의 땅을 많이 되찾았어.

공민왕은 승려인 신돈을 등용하고 '전민변정도감'을 설치했어. 전민변정도감은 귀족이 강제로 차지한 토지를 원래 주인에게 돌려주고, 농장의 노비는 양인으로 해방시켜 주는 관청이었어. 양인으로 해방된 사람들은 나라에 세금을 내고, 군대에 가기 때문에 왕권 강화에 도움이 되었지.

하지만 공민왕의 반원 정책은 순조롭지 못했어. 원에 대항해 반란을 일으킨 홍건적이 고려까지 침입해 백성들을 괴롭혔고, 왜구는 남해안으로 침입해 약탈을 일삼는 등 나라가 어수선했지. 또한 하루아침에 토지와 노비를 빼앗긴 권문세족은 신돈에게 큰 반감을 품었지. 권문세족은 개혁을 주도하던 신돈을 제거했어. 이후 공민왕도 죽임을 당하며 반원 정책은 끝나게 되었어.

- ● **쇠퇴**(衰 약해질 **쇠**, 退 물러날 **퇴**) 기세가 약해져서 전보다 힘이 떨어짐.
- ● **개혁**(改 고칠 **개**, 革 가죽 **혁**) 새롭게 고치고 새로운 질서를 세우는 일.
- ● **홍건적**(紅 붉을 **홍**, 巾 두건 **건**, 賊 도둑 **적**) 원 말기 머리에 붉은 수건을 쓴 도둑의 무리로, 두 차례 고려에 침범함.

참쌤이 들려주는

역사 이야기 공민왕과 노국공주의 사랑 이야기

공민왕은 원에 있을 때 '내 나라에 살지 못하는 것도 원통한 일인데 원의 공주와 결혼할 수는 없다.'라며 원의 공주와의 결혼을 거부했어요. 그러나 결국 노국공주와 결혼하여 함께 고려로 돌아왔어요. 공민왕은 원에 반대하는 정책을 추진하였는데, 노국공주는 남편인 공민왕의 편에 서주었어요. '비록 몽골 여자이긴 하오나 저는 고려인입니다. 마땅히 고려와 전하의 뜻에 따를 것입니다.'라고 말했대요. 이러한 노국공주가 아기를 낳다 죽자 공민왕은 큰 슬픔에 빠져 나랏일에 소홀했다고 해요.

▲ 노국공주와 공민왕의 영정

비주얼 씽킹

공민왕의 개혁 정치

공민왕의 개혁 정치

호복과 변발을 금지하는 등 몽골식 풍습을 버렸어요.

(❶   )에게 빼앗긴 고려의 땅을 되찾았어요.

억울하게 (❷   )가 된 자들을 양인으로 해방시켰어요.

공민왕의 개혁 정치 결과

홍건적과 (❸   )의 침입, 권문세족의 방해 등으로 개혁은 순조롭게 진행되지 못했어요.

초성 Quiz

1 (ㄱㅁㅇ)은 원이 힘을 잃어가고 있는 것을 느끼고 개혁을 실시하였다.
☐ 기미왕   ☐ 공민왕

2 (ㅎㄱㅈ)과 왜구의 침입으로 고려는 혼란스러웠다.
☐ 홍건적   ☐ 한가족

4. 고려의 성립과 변천 175

18 고려 말에 새롭게 등장한 세력은 누구일까요?

참쌤 동영상

고려 말 나라 안팎은 매우 혼란스러웠어. 이때 고려를 개혁하고 백성을 위한 정치를 하고자 하는 새로운 세력들이 등장하였는데 바로 신진 사대부와 신흥 무인 세력이야.

신진 사대부는 성리학의 기본 이념인 '백성을 가장 먼저 생각하는 바른 정치'를 통해 고려를 개혁하고자 했어.

▲ 신진 사대부

▲ 신흥 무인 세력

신진 사대부들은 새로운 학문인 성리학을 공부하였고, 과거 시험을 통과해 자신의 실력만으로 관리가 된 사람들이야. 백성은 뒷전이고 자신들의 배만 불리려는 귀족을 몰아내고 새로운 나라를 만들고 싶어했지.

고려 말 홍건적과 왜구의 침입으로 나라가 어수선했어. 그때 홍건적과 왜구를 물리쳐 백성들을 보호한 세력이 바로 새롭게 등장한 신흥 무인 세력이야. 백성들은 이성계, 최영과 같은 신흥 무인 세력을 믿게 되었어.

- **신진 사대부(新** 새로운 **신, 進** 나아갈 **진, 士** 선비 **사, 大** 클 **대, 夫** 사나이 **부)** 고려 후기 원에서 들여온 성리학을 공부하고 과거를 통해 중앙 관직에 진출하여 개혁을 추진하던 세력.
- **성리학(性** 성품 **성, 理** 이치 **리, 學** 학문 **학)** 인간의 마음과 우주의 원리를 탐구하는 유학의 한 파.

신진 사대부인 정도전은 새로운 나라를 만들고 싶었지만 군사적인 힘이 없었어. 그래서 정도전이 신흥 무인 세력인 이성계를 찾아갔지. 신흥 무인 세력인 이성계는 강력한 힘은 있었으나 이를 받쳐줄 학문과 이념이 필요했어. 그래서 이성계와 정도전은 고려를 개혁하기 위해 손을 잡았어.

 참쌤이 들려주는

역사 이야기 신진 사대부 이색

이색은 원에서 성리학을 공부하고, 고려로 돌아온 뒤에는 공민왕의 개혁 정치에 참여했어요. 이후 신진 사대부들은 고려의 틀 안에서 개혁을 이루려는 온건파와 전면적인 개혁을 주장하는 급진파로 나뉘었어요. 급진파는 주로 이성계와 뜻을 같이 하는 사람들이었지요. 온건파와 함께 창왕이 임금에 오르도록 도운 이색은 이 성계가 창왕을 몰아내고 공양왕을 임금으로 내세우는 과정에서 귀양을 가게 되었어요. 이후 이색은 함께하자는 이성계의 제안을 거절하고 고향으로 돌아가 그 곳에서 세상을 떠났다고 해요.

▲ 이색

 비주얼 씽킹!

신진 사대부와 신흥 무인 세력

정답 200쪽

(①)

성리학을 공부하고 과거 시험을 통과해 관리가 되었어요.

(②)

홍건적과 왜구를 물리쳐 백성들의 지지를 얻었어요.

신진 사대부와 신흥 무인 세력이 고려를 개혁하기 위해 손을 잡았어요.

초성 **Quiz**

1 신진 사대부는 (ㅅㄹㅎ)의 이념을 바탕으로 힘을 길렀다.

☐ 성리학   ☐ 소리학

2 신흥 무인 세력은 홍건적과 (ㅇㄱ)를 물리쳐 백성들의 신뢰를 얻었다.

☐ 왜구   ☐ 영구

서경 천도 운동 – 서경 천도 vs 개경 유지

상황 알기

• 서경 출신의 승려 묘청이 '개경의 운이 다하였으니 고구려의 옛 도읍인 서경(지금의 평양)으로 도읍을 옮기지 않으면 나라는 곧 망할 것이다'라고 주장함.
• 개경파: 서경 천도론은 모두 거짓입니다. 저들의 말에 현혹되지 마시옵소서.
• 서경파: 서경으로 도읍을 옮기면 모든 일이 술술 잘 풀릴 것입니다.

관련 키워드

서경 천도   # 인종   # 풍수지리설   # 금 정벌   # 김부식

관점 보기

도읍을 서경으로 옮겨야 한다!

이자겸의 난은 진압되었지만 이후 왕권은 급격히 약해지고 귀족들은 자기 배를 불리기에만 바빴기 때문에 고려는 여전히 혼란스러웠다. 나라 밖으로는 금이 고려를 차지할 기회만 노리고 있었다. 고민에 빠진 인종에게 '개경의 운이 다하여서 고려가 혼란에 빠진 것이다. 고구려의 옛 도읍인 서경으로 도읍을 옮기면 모든 일이 술술 풀릴 것이다.'라는 묘청의 주장은 개경 귀족들의 세력을 꺾을 수 있는 방법이었다. 풍수지리에 따르면 서경의 터가 좋다고 하여 인종은 서경에 궁궐을 지을 것을 명령했다.

도읍은 개경으로 유지해야 한다!

궁궐을 짓기 시작한 1128년 11월부터 3개월은 너무나 추웠고 백성들은 고통에 시달렸다. 더군다나 궁궐이 세워진 후, 서경에는 이상한 일이 일어난다. 때아닌 폭풍우와 서리가 번갈아 내리고 번개가 치는 등 희한한 일들이 잇달아 일어난 것이다. 개경 귀족들은 이때가 기회다 싶어 '서경 천도론은 모두 거짓'이라며 인종에게 묘청을 멀리할 것을 주장했다. 김부식을 비롯하여 고려에서 큰 힘을 자랑하던 귀족들은 자신의 기반인 개경을 뺏길 수 없었다. 그리고 요를 무너뜨린 금을 공격했다가는 오히려 고려가 무너지고 말 것이라고 주장했다.

● **풍수지리**(風 바람 풍, 水 물 수, 地 땅 지, 理 이치 리) 알맞은 장소를 정할 때 자연적인 요소에 근거를 두는 것. 산이나 강의 흐름을 보고 마을의 터를 잡은 선조들의 의식이 발전한 이론.
● **천도** 영토를 활발하게 넓혔던 왕을 일컫는 말.
● **요** 거란족이 세운 나라.

생각정리

다음 자료를 보고, 빈칸에 들어갈 알맞은 내용을 쓰세요.

평양을 서경으로 삼는다!

서경은 (❶   )의 옛 도읍이에요.

서경에 폭풍우가 내리고 서리가 내리는 등의 이상한 일이 일어났어요.

(❷   )을 강화하고 금을 견제하고자 했어요.

귀족들의 기반인 (❸   )을 지켜야 했어요.

(❹   )에 따르면 서경의 터가 좋아요.

강한 금을 함부로 건드리면 안 된다고 생각했어요.

생각쓰기

서경 천도에 대한 자신의 의견을 자유롭게 써 보세요.

19 불교문화가 꽃 핀 나라가 있다고요?

참쌤 동영상

오늘날 사람들은 다양한 종교를 가지고 있지만 고려 사람들은 대부분 불교를 믿었어. 사람들의 마음을 하나로 모으기 위해서 모두 같은 종교를 믿도록 나라에서 적극적으로 전파했지. 그래서 고려의 역대 왕들은 불교 행사를 자주 열었는데 대표적으로 연등회와 팔관회가 있어.

▲ 오늘날 연등회 모습

연등회는 봄에 태조 왕건을 기리면서 부처님의 가르침이 널리 퍼지기 바랐던 국가 행사야. 팔관회는 부처님의 여덟 가지 규칙을 실천하기 위해 했던 행사였는데, 고려 시대 전통 신앙과 섞이면서 여러 신에게 제사를 지내고 평화를 기도하는 행사가 되었어. 전국 각지뿐만 아니라, 다른 나라 사람도 행사에 참여하기 위해 모였지.
송이나 여진, 아라비아 상인들도 참여했어.

또한 고려 시대에는 절을 많이 지었고, 왕자들 가운데 승려가 되는 경우도 있었어. 다양한 불상과 탑, 불화가 만들어졌고 일상생활에도 불교가 많은 영향을 끼쳤어.

하지만 이렇게 발달했던 불교도 고려 말에 부패하게 되었어. 승려들은 넓은 땅과 재산을 차지하기 위해 부처의 가르침으로부터 점점 멀어졌어.

고려의 화려한 불교 의식 도구

▲ 범종(국립중앙박물관 소장)

▲ 쇠북(국립중앙박물관 소장)

▲ 금강령(국립중앙박물관 소장)

불교 의식에 사용되는 도구로 중생을 깨우치기 위해 울리는 종이야.

♦ 불상 부처님의 모양을 본떠 만든 조각이나 소조 작품.
♦ 불화 부처님과 제자들의 모습을 그린 그림.

역사 이야기 승려가 된 왕자 의천

왕이 되지 못하는 왕자들은 승려가 되어서 절에 들어가기도 했어요. 대표적으로 대각국사 의천이 있어요. 의천은 고려 11대 왕 문종의 넷째 아들로, 중국에서 불교를 공부했어요. 의천은 국사(나라의 선생님)가 되어 왕에게 조언을 해주기도 하고 사람들의 어려운 점들을 도와주기도 하였어요. 의천이 세상을 떠나면서 '큰 깨달음을 얻은 스승'이라는 뜻의 '대각국사'라는 시호가 내려졌다고 해요. 지금 생각하면 왕자가 승려가 되는 것이 이상할 수 있지만 고려 시대에 승려가 되는 것은 공부를 많이 하고 지위가 높은 사람만 가능했어요.

▲ 대각국사 의천

 비주얼 씽킹

고려의 불교

정답 200쪽

고려의 종교인 불교

고려 사람들은 대부분 (❶   )를 믿었어요.

불교 행사

(❷   )와 팔관회 등
불교 행사를 크게 열었어요.

다양한 불교문화   왕이 되지 못하는 왕자는 (❸   )가 되기도
했고, 절, 불상, 탑 등을 만들었어요.

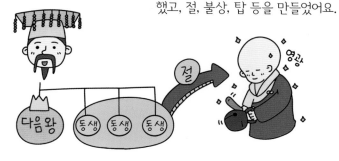

초성 Quiz

1 고려는 (ㅂㄱ)를 나라의 종교로 삼았다.
☐ 벌교   ☐ 불교

2 고려의 (ㅍㄱㅎ)는 다른 나라 사람들까지 참여했던 불교 행사이다.
☐ 팔관회   ☐ 판교회

20 팔만대장경은 왜 만들었을까요?

참쌤 동영상

팔만대장경은 몽골이 고려를 침입했을 때 부처의 힘으로 몽골의 침략을 물리치려는 바람을 담아 만든 거야. 대장경이란 부처님의 가르침이 담긴 불경을 모아 만든 것을 말하는데, 총 81,258개의 목판 양면에 새겨서 팔만대장경이라고 불러. 많은 사람들이 1236년부터 1251년까지 16년에 걸쳐 만들었어. 팔만대장경은 많은 내용을 담고 있는데도 틀린 글자나 빠진 글자가 거의 없다고 해. 또 좋은 나무를 잘 손질하여 만들어서 판이 뒤틀리거나 좀이 먹지 않은 채 잘 보존되어 있어.

팔만대장경판은 유네스코 세계 기록 유산이야.

팔만대장경은 사실 3번째 만들어진 대장경이야. 앞서 두 번은 몽골의 침략으로 불에 타버려 일부만 전해지고 있어. 팔만대장경판은 정말 많은 사람이 나라를 지키기 위한 마음을 모아 오랜 기간 동안 만들었기 때문에 또 다시 없어지거나 손상이 생기지 않도록 경남 합천 해인사의 장경판전에 보관했지. 장경판전은 통풍이 잘되고 습도를 잘 조절하도록 만들어져서 팔만대장경판을 해충과 습도로부터 잘 보호해 주었어.

• **대장경(大藏經)** 부처님이 하신 말씀과 가르침을 모두 모은 경전.

• **장경판(藏經板)** 부처님이 일생동안 하신 말씀과 가르침을 담은 경전을 새긴 판.

통풍이 잘 되도록 창이 나 있어요.

▲ 해인사 장경판전 외부

바닥과 공간을 두어 습도를 조절해요.

▲ 해인사 장경판전 내부

참쌤이 들려주는

역사 이야기 팔만대장경을 새긴 사람들

팔만대장경에 새겨진 글자 수가 무려 5천만 자가 넘는데, 이 엄청난 양의 글자를 누가 새겼을까요? 팔만대장경을 만드는 데는 나무를 베는 사람, 나무를 운반하는 사람, 나무에 칠을 하는 사람, 글씨를 새기는 사람, 틀린 글씨가 있는지 검사하는 사람 등 많은 사람들이 필요했어요. 나무를 베거나 운반하는 일들은 지역 주민들이 하였고, 글씨를 쓰거나 새기는 일은 전문적인 사람들뿐만 아니라 승려 및 귀족들도 참여하였어요. 당시 고려인들은 불교를 굳게 믿었기 때문에 즐거운 마음으로 참여하였다고 해요.

팔만대장경

팔만대장경을 만든 까닭

외적의 침입을 (❶   )의 힘으로 막고자 하는 바람을 담아 팔만대장경을 만들었어요.

정답 200쪽

팔만대장경판

팔만대장경판은 틀린 글자가 거의 없고, 뒤틀리거나 좀먹지 않은채 보존되어 있어요.

68cm

24cm

2.7~3.3cm

3~3.5kg

잘못된 글자가 하나도 없어.

신비로운 장경판전

팔만대장경판을 통풍이 잘되고, 습도 조절이 잘되는 (❷   )에 보관하여 잘 보존될 수 있었어요.

초성 Quiz

1 팔만대장경은 (ㅁㄱ)의 침략을 부처의 힘으로 극복하려고 만들었다.

☐ 몽골   ☐ 망고

2 장경판전이 있는 절은 (ㅎㅇㅅ)이다.

☐ 후인사   ☐ 해인사

21 고려가 잘 만든 것은 무엇일까요?

참쌤 동영상

고려를 대표하는 문화유산으로는 고려청자가 있어. 고려청자는 우리나라의 전통적인 자기 기술에 중국의 기술을 더해 독자적으로 만들었다고 해. 고려청자의 푸른빛은 송의 사신이 '고려의 비색은 천하제일'이라고 할 정도로 아름다웠어. 12세기 중엽에는 상감법을 창안하여 다양하고 화려한 무늬를 넣은 상감 청자를 제작했어.

고려청자는 다양한 생활용품으로 만들어져 사용되었어. 사발, 접시, 잔, 병, 향로, 항아리뿐만 아니라 베개, 기와, 타일 등으로도 만들어졌어.

주로 귀족들이 사용했어.

▲ 청자 상감 운학문 매병

▲ 청자 칠보 투각 향로

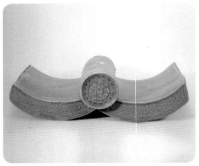
▲ 청자 양각 모란 넝쿨무늬 막새

▲청자 참외모양 병

고려는 인쇄술도 뛰어났어. 현재 전해지지는 않고 있지만 고려에서 금속 활자로 인쇄한 『상정고금예문』이라는 책은 독일의 구텐베르크가 만든 금속 활자보다 200년이나 앞섰어. 현재 남아 있는 세계에서 가장 오래된 금속 활자본인『직지심체요절』도 고려에서 인쇄한 것이야. 『직지심체요절』은 프랑스 국립도서관에 보관되어 있는데, 2001년에 유네스코 세계 기록 유산으로 인정받게 되었어.

▶ **청자(靑瓷)** 푸른 도자기.
▶ **상감법** 그릇 표면에 문양이나 그림을 새기고 그 자리에 다른 색 흙을 메워 색과 모양을 내는 기법.
▶ **활자(活字)** 낱개 네모 기둥모양 위에 문자나 기호를 볼록 튀어나오게 새긴 것.

▲ 『직지심체요절』

『직지심체요절』은 여러 경전과 법문에 실린 내용 가운데 좋은 구절만 뽑아 만든 책이야.

역사 이야기 『직지심체요절』은 지금 어디에?

『직지심체요절』은 청주 흥덕사에서 인쇄되었는데 현재는 프랑스 국립도서관에 보관되어 있어요. 대한제국 시절 프랑스 외교관으로 있던 드플랑시는 『직지심체요절』을 포함해 우리나라의 오래된 책과 미술품을 많이 사서 프랑스로 가져갔어요. 이후 『직지심체요절』은 경매를 통해 앙리 베베르에게 팔렸고, 앙리 베베르는 세상을 떠나면서 『직지심체요절』을 프랑스 국립 도서관에 기증했다고 해요. 이렇게 프랑스로 건너간 『직지심체요절』은 아직 우리나라로 돌아오지 못하고 있답니다.

▲ 청주 흥덕사(충북 청주)

고려청자와 『직지심체요절』

 뛰어난 고려청자

고려청자는 (❶   )이 아름다우며, 여러 가지 생활용품으로 만들어져 사용되었어요.

세계 최초의 금속 활자

1234년
『상정고금예문』

1377년
『직지심체요절』

1455년
『구텐베르크 성서』

(❷   )은 현재 남아 있는 금속 활자본 중 세계에서 가장 오래된 금속 활자본이에요.

초성 Quiz

1 고려(ㅊㅈ)는 푸른빛이 아름답기로 유명하다.
□청자   □찬장

2 『직지심체요절』은 세계 최초의 (ㄱㅅ) 활자본이다.
□구속   □금속

목화와 화약은 누가 들여왔을까요?

참쌤 동영상

목화가 들어오기 전 고려 사람들은 주로 삼베나 모시로 옷을 만들어 입었는데 이 옷들은 여름에는 시원했지만 겨울에는 추운 바람을 막아 주지 못했어. 이를 안타깝게 여긴 문익점은 원에서 몰래 목화씨를 들여왔어. 사람들은 목화로 천을 짜 옷을 지어 입거나, 목화로 솜을 만들어 솜옷과 솜이불 등을 만들게 되었지. 문익점이 목화를 가져온 이후로 고려 사람들은 겨울을 따뜻하게 보낼 수 있게 된 거야.

목화가 있으면 백성들이 겨울을 따뜻하게 보낼텐데…….

화약이 만들어지기 전 고려는 왜구의 침입으로 많은 피해를 입고 있었어. 그래서 고려 사람들은 화약을 만들어 왜구를 물리치고 싶었는데, 당시 원에서는 화약이 다른 나라로 빠져나가지 못하게 했어. 그런데 젊은 시절 화약 만드는 공장에서 일한 중국인 상인 이원이 고려의 최무선에게 화약 만드는 방법을 이야기해 줬어. 최무선은 오랜 연구 끝에 화약을 만드는 방법을 알게 됐지. 이후 고려는 화통도감을 만들고 화약과 화포를 만들기 시작했어. 이 화약 덕분에 최무선은 1380년 왜구가 쳐들어오자 500여 척의 선박을 이끌고 금강 하구의 진포로 나가 왜구를 격파할 수 있었어.

◆ **삼베** 뽕나무의 한 종류인 삼의 껍질을 이용하여 만든 옷감. 굉장히 거칠지만 튼튼하여 석기시대부터 전 세계적으로 쓰여 왔음.

◆ **모시** 쐐기풀의 한 종류인 모시 풀 껍질로 만든 옷감. 삼베보다 부드럽지만 성겨 여름에 주로 입음.

◆ **화통도감** 화약과 화통을 만드는 일을 맡아보던 관청.

화포로 왜구를 무찌르자!

 참쌤이 들려주는

역사 이야기 문익점이 목화를 면으로 만들 수 있었던 까닭

처음 목화를 가져온 문익점은 목화를 열심히 키웠지만 생각보다 잘 자라지 못했어요. 한참을 도전해 봤지만 실패했지요. 그때 원(몽골)에서 온 흥원이라는 승려가 목화를 잘 키우는 방법과 목화에서 만들어진 솜을 면으로 만들기 위해 필요한 물레를 만드는 방법을 알려 주었어요. 그 후로 고려 사람들은 목화를 잘 키우고 면도 만들 수 있게 되었지요. 문익점이 처음 목화를 심었던 경상남도 산청군 단성면에서는 지금도 목화 농사를 짓고 있고, 기념관을 만들어 문익점을 기리고 있어요.

▲ 목화 시배지 전시관
(경남 산청)

 비주얼 씽킹

고려의 목화와 화약

정답 200쪽

고려의 패딩, 목화

(❶　　　　)이 원에서 목화씨를 들여와 고려 사람들은 겨울을 따뜻하게 보낼 수 있게 되었어요.

최신 무기 재료 화약

최무선이 (❷　　　　)을 발명하여 고려는 왜구를 물리칠 수 있었어요.

초성 Quiz

1 문익점은 물레를 이용해 (ㅁㅎ)를 실로 만들었다.

☐ 목화　　　　☐ 문화

2 (ㅊㅁㅅ) 장군은 화약을 개발하였다.

☐ 치맛살　　　☐ 최무선

23 고려의 건축과 회화를 살펴볼까요?

참쌤 동영상

고려는 궁궐과 사원을 많이 지었어. 고려의 궁궐은 남아 있지 않지만 영주 부석사 무량수전과 안동 봉정사 극락전 등의 사원을 통해 고려 시대의 건축 양식을 엿볼 수 있지. 특히 무량수전은 남아 있는 것 중 가장 오래된 목조 건축물 중 하나로, 배흘림 기둥이 특징이야.

▲ 영주 부석사 무량수전(경북 영주)

▲ 경천사지 10층 석탑

돌로 만들어진 건축물 가운데 대표적인 것은 경천사지 10층 석탑이 있어. 고려 말에 원의 영향을 받아 만들어진 이 석탑은 지금 국립중앙박물관에 보관되어 있어.

벽에 직접 그리거나, 천이나 종이에 그려서 벽에 걸었어.

고려 후기에는 왕실과 권문세족의 요구에 따라 화려한 불화가 많이 그려졌어. 그림 그리는 일을 하는 도화원이라는 관청도 있었다고 해. 화가들이 그린 부처의 모습은 선이 섬세하고 색채가 아름답게 표현되었어.

● 배흘림 기둥 건축에서 위아래로 갈수록 좁아지는 기둥.
● 섬세하다 곱고 가늚.

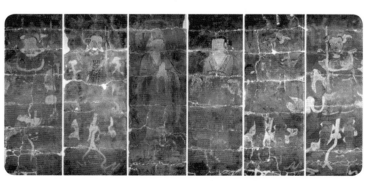
▲ 부석사 조사당 벽화(경북 영주)

▲ 수월관음도

참쌤이 들려주는 역사 이야기 · 고려의 불상

고려의 불상은 크고 못생겼어요. 불상이 크고 못생긴 이유는 바로 지방 호족들이 불상을 만들었기 때문이에요. 호족들의 힘이 강했던 고려 초기에 지방 호족들 사이에 불상을 만드는 것이 유행처럼 번졌어요. 불상을 많이 만들다 보니 뛰어난 기술자가 부족해졌고 지방 호족들은 하는 수 없이 기술이 부족한 지방의 기술자들을 불러 불상을 만들게 했어요. 그 결과 투박하고 개성 넘치는 불상이 만들어지게 된 거예요. 파주 용미리 마애 이불 입상은 높이 17.4m의 암벽에 목과 머리, 갓을 따로 올렸다고 해요.

▲ 파주 용미리 마애 이불
입상(경기 파주)

비주얼 씽킹 고려의 건축과 회화

정답 200쪽

고려의 불교 목조 건축

(❶   )은 가장 오래된 목조 건축물 중 하나로, 배흘림 기둥이 특징이에요.

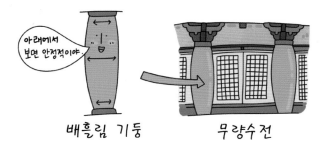

아래에서 보면 안정적이야!

배흘림 기둥   무량수전

석조 건축

(❷   )의 영향을 받아 석탑이 만들어졌어요.

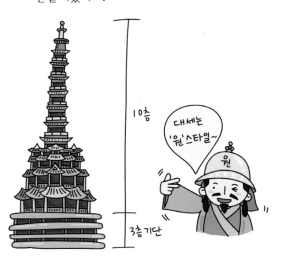

10층

3층기단

대세는 '원'스타일~

원

고려의 그림

도화원

화가

그림 1장 주문이요

그림 그리는 관청인 (❸   )이 있을 정도로 불교 회화가 발달하였어요.

초성 Quiz

1 무량수전은 가장 오래된 (ㅁㅈ) 건축물 중 하나이다.

☐ 목조   ☐ 모조

2 (ㄷㅎㅇ)은 고려 시대 그림 그리는 일을 맡은 관청이다.

☐ 도화원   ☐ 단호원

24 고려에서는 역사를 어떻게 기록했을까요?

참쌤 동영상

우리나라의 역사를 기록한 책 중에 가장 오래된 책은 『삼국사기』야. 1145년 김부식이 고려 인종의 명령으로 쓴 책인데 삼국 시대부터 통일 신라, 후삼국 시대까지 다루고 있어. 『삼국사기』처럼 나라에서 인정하거나 정확한 사실을 다룬 역사를 정사라고 해. 김부식은 설화나 신화처럼 믿기 힘든 내용은 최대한 빼고 사실인 내용만을 적으려고 애썼어. 하지만 중국 중심적인 이야기나 안 좋은 이야기는 내용을 줄여서 적었기 때문에 여러 비판이 있기도 해.

어릴 때부터 중국의 공자와 맹자를 공부하며 유학을 본보기로 삼았어.

▲ 『삼국사기』

1573년 조선 선조 6년에 만들어진 『삼국사기』는 국보 322-1호로 지정되어 있어.

고려 후기 스님이었던 일연이 쓴 『삼국유사』도 있어. 『삼국유사』는 삼국 사기와는 다르게 설화, 신화, 불교 관련 이야기도 풍부하게 담겨 있어. 다만 스님이었던 일연이 쓴 책이어서 불교 중심적인 이야기가 많고, 믿기 어려운 내용들도 있어. 이렇게 개인이 기록한 역사를 야사라고 해. 『삼국유사』는 『삼국사기』와 비교해 가며 그 당시 사람들이 어떻게 생각하였는지 이해할 수 있는 중요한 자료야.

● 정사 정확한 사실을 기록하거나 국가가 인정한 역사. 하지만 모두 완전한 사실이라고 할 수는 없음.
● 야사 국가가 아닌 그 시대에 살고 있던 사람들이 개인적으로 기록한 역사.

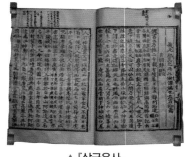
▲ 『삼국유사』

◀ 인각사 보각국사탑(경북 군위)
보각국사 일연의 사리탑.

14세기에 목판으로 찍은 『삼국유사』는 국보 306호로 지정되어 있어.

참쌤이 들려주는

역사 이야기 고려의 실록

실록이란 한 명의 왕이 재위했던 기간 동안의 역사를 날짜 순서에 따라 기록하는 방법을 말해요. 『조선왕조실록』은 워낙 유명해서 한 번쯤 들어 봤을 거예요. 조선처럼 고려에도 『고려실록』이 있었어요. 태조 왕건부터 34대 공양왕까지의 474년간의 역사를 적은 185권의 책이에요. 하지만 기록에 의하면 임진왜란 때 불타버려서 지금까지 남아 있지는 않아요. 이후 조선 시대에 『고려실록』을 바탕으로 하여 『고려사』를 편찬하였지만 전해지는 이야기로는 『고려실록』의 내용이 훨씬 많았다고 해요.

비주얼 씽킹

고려 시대 역사서

정답 200쪽

(❶)에서 인정하거나 정확한 사실을 다룬 역사

(❷)이 기록한 역사

초성 Quiz

1 정확한 사실을 다룬 역사를 (ㅈㅅ)라고 한다.
□정사 □장소

2 (ㅇㅇ) 스님이 『삼국유사』를 썼다.
□일원 □일연

문익점 - 고려 백성을 위한 특급 스파이
vs 약속을 어긴 범죄자

인물 알기

- 살았던 때: 1329년~1398년
- 직업: 고려 말 신하
- 지역: 경상남도 산청군 단성면
- 가족: 장인(아내의 아버지) 정찬익

관련 키워드

\# 고려 패딩   \# 모카커피 아님   \# 목화   \# 면   \# 백성들 얼어죽어

인물 평가하기

문익점은 고려 백성을 마음 깊이 생각한 특급 스파이였다!

문익점은 공민왕을 폐위하고 충선왕의 셋째 아들 덕흥군을 왕으로 세우려는 원을 도왔다. 그러나 덕흥군이 공민왕에게 패하면서 관직에서 쫓겨났다. 이후 경남 산청으로 내려가 목화를 심게 되었다. 문익점이 원에 사신으로 갔다가 돌아오는 길에 고려 백성들이 추운 날 떨고 있는 모습이 너무 안타까워 면을 만들 수 있는 목화를 붓두껍에 몰래 숨겨 왔다고 이야기가 전해진다. 문익점이 목화를 재배한 이후 우리나라에 면이 많이 생산되었으며 이점을 높이 여긴 태종, 세종은 문익점이 죽은 후에 영의정으로 임명했다고 한다.

문익점은 다른 나라라 하더라도 법을 지키지 않은 범죄자다!

목화는 원의 금수 물품으로, 함부로 밖으로 가져가면 안 되는 것이었다. 물론 전해오는 이야기가 사실인지 논란이 있지만 목화가 그 당시에 중요한 물건이었던 것은 분명하다. 그리고 나라끼리 한 약속인만큼 문익점이 한 행동에 대해 원이 화를 내어 고려에 군사를 보냈다면 많은 백성들이 큰 고통에 시달려야 했을 것이다. 군사를 보내지 않았더라도 목화를 가져간 것에 대한 보상으로 많은 것을 요구했을지도 모르는 일이다. 거기다 직조 기술까지 원의 승려를 통해 빼 온 것은 위험한 행동이었다. 역사에 만약은 없다지만 이런 섣부른 행동은 정말 조심해야 하는 것이다.

- **붓두껍** 붓촉에 끼워 두는 뚜껑.
- **영의정**(領 거느릴 **영**, 議 의논할 **의**, 政 정사 **정**) 조선 시대 가장 높은 관직.
- **직조**(織 만들다 **직**, 造 짓다 **조**) 실을 엮어서 천을 만드는 작업.

생각정리
다음 자료를 보고, 빈칸에 들어갈 알맞은 내용을 쓰세요.

목숨 걸고 붓두껍에
(❶　　　　　)씨를
숨겨왔어요.

원의 물품을 함부로
가지고 오면 안 돼요.

(❷　　　　　)을 사랑하는
마음으로 한 일이에요.

이를 핑계로 (❸　　　　　)의
침략을 받을 수도 있었어요.

죽고 나서 많은 왕과 신하들에게 칭찬을 들었
으며 높은 (❹　　　　　)에 임명되었어요.

원이 보상을 요구할 수도
있었어요.

생각쓰기
문익점을 어떻게 평가해야 하는지 자신의 의견을 자유롭게 써 보세요.

♥ 한국사 이야기가 담긴 다양한 그림을
마음껏 색칠해 보세요.

정답

빠른 정답

1. 선사 시대와 고조선

01 선사 시대와 역사 시대의 차이점은 무엇일까요? 17쪽

❶ 유물   ❷ 기록

초성 **Quiz**   1 선사   2 기록

02 인류가 세상에 처음으로 등장한 때는 언제일까요? 19쪽

❶ 직립보행   ❷ 불   ❸ 장례

초성 **Quiz**   1 두 발   2 불

03 도구와 불을 사용한 인류는 어떻게 생활했을까요? 21쪽

❶ 뗀석기   ❷ 추위

초성 **Quiz**   1 도구   2 불

04 한반도의 구석기인들은 어떻게 생활했을까요? 23쪽

❶ 동굴   ❷ 뗀석기

초성 **Quiz**   1 동굴   2 밀개

05 신석기 시대의 생활 모습은 어떻게 변화했을까요? 25쪽

❶ 빙하기   ❷ 농사   ❸ 움집

초성 **Quiz**   1 빙하기   2 농사

06 한반도의 신석기인들은 어떻게 생활했을까요? 27쪽

❶ 간석기   ❷ 빗살무늬   ❸ 가락바퀴

초성 **Quiz**   1 빗살   2 움집

07 청동기와 고인돌을 만든 사람은 누구일까요? 29쪽

❶ 청동   ❷ 제사   ❸ 재산   ❹ 군장

초성 **Quiz**   1 주석   2 무덤

08 고조선의 단군왕검 이야기는 정말 사실일까요? 31쪽

❶ 정치   ❷ 곰   ❸ 농사

초성 **Quiz**   1 고조선   2 사람

09 고조선은 어떤 모습으로 발전했을까요? 33쪽

❶ 단군왕검   ❷ 철기 문화   ❸ 위만   ❹ 왕검성

초성 **Quiz**   1 일연   2 위만

10 고조선 사람들은 어떻게 살았을까요? 35쪽

❶ 생명   ❷ 재산   ❸ 민무늬

초성 **Quiz**   1 법   2 민무늬

11 철제 도구의 사용으로 나타난 변화는 무엇일까요? 37쪽

❶ 돌   ❷ 생산량   ❸ 전쟁

초성 **Quiz**   1 철   2 전쟁

12 철기 문화를 바탕으로 나타난 여러 나라들은 어디일까요? 39쪽

❶ 가축   ❷ 민며느리제   ❸ 책화
❹ 서옥제   ❺ 소도

초성 **Quiz**   1 부여   2 소도

역사 논술 단군왕검의 건국 이야기 41쪽

생각정리 ❶ 삼국유사   ❷ 곰   ❸ 단군왕검
❹ 생활 모습

생각쓰기 예 내가 고조선의 단군왕검이라면 내가 세운 이 나라가 더욱 발전하고 오랫동안 번영하기를 바라며, 나라의 건국 이야기를 널리 알리고 싶을 것이다.
이와 같은 신비한 건국 이야기를 통하여 다른 세력들에게 내가 고조선의 왕으로 하늘로부터 왕의 자리를 받아 신성하고 뛰어난 능력을 가졌다는 것을 알리고 백성들에게 고조선을 더욱 자랑스럽게 여기도록 할 수 있을 것이다.

2. 삼국의 성장 발전

역사 논술　삼국과 한강 유역　63쪽

생각정리
❶ 농사　❷ 중심　❸ 교통
❹ 중국

생각쓰기
예 한강은 한반도의 중심에 위치하여 황해로 이어지는 긴 강으로 강 주변에는 넓은 평야가 펼쳐져 있다. 삼국 시대는 농업이 중요하던 시기로 이곳은 넓고 평평한 땅이 있고 물이 풍부해 농사짓기가 매우 좋아 많은 곡식을 얻을 수 있었다. 또한 한강에서 배를 이용하면 여러 곳으로 물자와 사람의 이동이 매우 편리하였다.

한강으로 이어진 서해안 지역에는 배를 이용해 멀리 중국과 직접 통하는 교역로가 있어 문물을 주고받거나 세력을 넓히기 알맞았다.

그리고 한반도의 중심 지역으로 고구려와 신라, 백제가 만나는 이곳을 차지하면 삼국 간의 힘의 균형을 깨고 세력을 키울 수 있어 군사적으로 매우 중요한 지역이었다.

13 신라는 성장을 위해 어떤 노력을 했을까요?　　73쪽

❶ 내물　　❷ 신라　　❸ 이차돈　　❹ 왕권

초성 **Quiz**　1 신라　　2 불교

14 신라의 전성기를 가져온 진흥왕은 누구일까요?　　75쪽

❶ 인재　　❷ 황룡사　　❸ 한강

초성 **Quiz**　1 백제　　2 화랑도

15 삼국 시대 사람들은 어떤 모습으로 살았을까요?　　77쪽

❶ 노비　　❷ 세금　　❸ 허드렛일

초성 **Quiz**　1 귀족　　2 평민

16 가야는 어떻게 성장하고 멸망하였을까요?　　79쪽

❶ 대가야　　❷ 철　　❸ 신라

초성 **Quiz**　1 변한　　2 철

 역사 논술　진흥왕과 나·제 동맹　　81쪽

 생각정리
❶ 백제　　❷ 화랑도　　❸ 성왕
❹ 영토　　❺ 황룡사

생각쓰기
예 한강 유역은 비옥한 토지가 있어 풍부한 생산물을 얻을 수 있고 교통이 편리하여 매우 중요한 영토이다. 이곳을 다시 백제에게 내주었다면 신라는 삼국의 경쟁에서 결국 주도권을 갖지 못하고 백제와 고구려를 상대로 끊임없이 전쟁을 했을 것이다.
나라 간의 경쟁에서는 서로 맺은 동맹을 지키는 것도 중요하지만 무엇보다 자기 나라의 이익에 더욱 도움이 되는 결정을 하는 것이 나라를 발전시키고, 백성들을 지킬 수 있는 방법이라고 생각한다.

17 삼국의 종교와 학문의 특징은 무엇일까요?　　83쪽

❶ 한자　　❷ 불교　　❸ 유교

초성 **Quiz**　1 왕권　　2 오경

18 삼국의 과학과 기술의 발달은 어떠했을까요?　　85쪽

❶ 첨성대　　❷ 가야

초성 **Quiz**　1 첨성대　　2 토기

19 삼국의 무덤에서는 무엇이 발견되었을까요?　　87쪽

❶ 벽화　　❷ 무령왕릉　　❸ 신라　　❹ 문화

초성 **Quiz**　1 고분　　2 경주

20 삼국이 남긴 불교 유산은 무엇일까요?　　89쪽

❶ 불상　　❷ 황룡사

초성 **Quiz**　1 백제의 미소　　2 중국

21 삼국은 다른 나라와 무엇을 교류했을까요?　　91쪽

❶ 북조　　❷ 한강 유역　　❸ 요서 지방

초성 **Quiz**　1 각저총　　2 서역

22 한반도의 나라들은 일본에 어떤 도움을 주었을까요?　　93쪽

❶ 종이　　❷ 백제　　❸ 스에키 토기

초성 **Quiz**　1 백제　　2 가야

 역사 논술　가야 연맹의 한계　　95쪽

생각정리
❶ 왕　　❷ 불교　　❸ 전쟁
❹ 철기　　❺ 정복

생각쓰기
예 먼저 왕권을 강화하기 위하여 나의 자식들에게 왕의 자리를 물려주어 왕의 힘이 계속 이어질 수 있도록 할 것이다.
또한 나라의 질서를 유지하고 왕의 권위를 보여주기 위하여 여러 가지 법과 제도를 만들고 신하와 백성들이 이것을 따르도록 할 것이다. 그리고 군사력을 길러 다른 나라의 침략에 맞서고 다른 나라의 영토를 빼앗아 세력을 넓히며 다른 나라가 발전하지 못하도록 막을 것이다. 나라의 생각과 힘을 하나로 모을 수 있도록 귀족뿐만 아니라 모든 백성들에게 하나의 종교를 믿게 하여 나라의 권위와 왕권을 더욱 강하게 하는 일도 필요하다.

3. 통일 신라와 발해

역사 논술   나·당 연합을 통한 삼국 통일   119쪽

생각정리
① 당   ② 외교   ③ 고구려
④ 문화

생각쓰기
예 신라가 당의 힘을 빌려서라도 통일을 이룬 것은 바람직한 일이었다고 생각한다. 우리 민족이 같은 민족이라는 생각을 갖게 하고, 단일 민족 국가로 발돋움하는 바탕이 되었기 때문이다. 당의 도움을 받기는 했지만 당의 한반도를 지배하려는 욕심에 대항하여 끈질긴 전쟁 끝에 승리를 이루기도 하였다. 신라의 삼국 통일은 최초의 민족 통일로서 하나의 국가와 새로운 민족 문화를 만드는 계기가 되었으며, 민족 문화 발전의 토대를 마련하였다는 점에서 큰 의의가 있다.

16 후삼국 시대는 어떻게 시작되었을까요? 133쪽

❶ 후백제 ❷ 궁예 ❸ 신라

초성 **Quiz** 1 견훤 2 후고구려

역사 논술 궁예 135쪽

생각정리   ❶ 후고구려 ❷ 누명 ❸ 미륵불
❹ 왕권

생각쓰기 ㉠ 삶이 힘든 농민들을 돕고자 했던 궁예의 마음은 훌륭했지만 결국 그 백성들을 저버린 궁예의 행동은 잘못된 것이라고 생각한다. 한 나라의 왕으로서 백성들을 돌보아야 할 책임이 있는데도 잘못이 없는 사람을 죽이고 백성들을 힘들게 했다. 궁예는 살기 좋은 나라를 만들기 위해 더 노력했어야 한다.

---

4. 고려의 성립과 변천

01 고려는 후삼국을 어떻게 통일했을까요? 141쪽

❶ 고려 ❷ 공산 전투 ❸ 경순왕

초성 **Quiz** 1 송악 2 경순왕

02 고려 후삼국 통일의 의의는 무엇일까요? 143쪽

❶ 지방 ❷ 민족

초성 **Quiz** 1 발해 2 호족

03 태조 왕건의 정책에는 무엇이 있을까요? 145쪽

❶ 고구려 ❷ 호족

초성 **Quiz** 1 기인 2 훈요

04 광종과 성종의 정책에는 무엇이 있을까요? 147쪽

❶ 양인 ❷ 과거 ❸ 최승로

초성 **Quiz** 1 광종 2 시무

05 고려에서는 어떻게 관리를 뽑았을까요? 149쪽

❶ 호족 ❷ 양인

초성 **Quiz** 1 과거 2 공복

역사 논술 광종 151쪽

생각정리 ❶ 노비안검법 ❷ 호족 ❸ 과거
❹ 공복 ❺ 왕권

생각쓰기 ㉠ 광종은 고려 왕권을 강화하는 데 큰 역할을 한 왕이라고 생각한다. 광종이 왕이 되었을 때는 이전 왕들이 일찍 죽고, 호족 세력의 힘이 커져가는 상황이었다. 이러한 상황을 극복하고자 노비안검법과 과거 제도 등의 왕권 강화 정책을 펼쳤다. 광종이 실시한 제도들은 호족 세력을 약화시키고 왕권을 강화하는 데 도움이 되었다. 광종이 이러한 제도를 실시하지 않았더라면 호족 세력을 꺾지 못했을 것이다.

---

06 거란은 왜 고려를 침입했을까요? 153쪽

❶ 송 ❷ 서희 ❸ 강동 6주

초성 **Quiz** 1 서희 2 고구려

07 거란은 왜 다시 고려를 침입했을까요? 155쪽

❶ 거란 ❷ 강감찬 ❸ 천리장성

초성 **Quiz** 1 귀주 2 천리장성

08 고려는 어떻게 여진의 침입을 막아 냈을까요? 157쪽

❶ 기병 ❷ 별무반 ❸ 동북 9성

초성 **Quiz** 1 여진 2 기병

09 개경과 벽란도는 어떤 곳이었을까요? 159쪽

❶ 도읍 ❷ 교통 ❸ 개경

초성 **Quiz** 1 개경 2 벽란도

10 고려는 주변 나라들과 무엇을 교류했을까요? 161쪽

초성 **Quiz** 1 은 2 아라비아

11 고려 지배층의 모습은 어땠을까요? 163쪽

❶ 문벌 귀족 ❷ 이자겸 ❸ 묘청

초성 **Quiz** 1 문벌 2 서경

역사 논술 서경 천도 운동 179쪽

생각정리 ❶ 고구려 ❷ 왕권 ❸ 개경
❹ 풍수지리

생각쓰기 예 서경으로 도읍을 옮겼어야 한다고 생각한다. 당시 문벌 귀족의 세력이 너무 강하고 왕권이 약해져 가던 상황에서 왕권을 강화할 필요가 있었다. 문벌 귀족의 터전이었던 개경을 버리고 서경으로 도읍을 옮기면 문벌 귀족의 힘이 꺾였을 것이다. 서경 천도가 실패한 후 문벌 귀족의 힘이 더욱 강해져 훗날 무신정변이 일어나는 결과를 가져오게 되었는데, 서경으로 도읍을 옮겼으면 이러한 결과가 나오지 않았을 수도 있다.

 역사 논술 문익점 193쪽

생각정리 ❶ 목화 ❷ 백성 ❸ 원
❹ 관직

생각쓰기 예 문익점이 한 행동은 물론 위험할 수도 있었지만 백성들의 생활을 크게 나아지게 했다는 점에서 의의가 있다고 생각한다. 문익점이 목화를 들여온 덕분에 고려 사람들의 의생활이 크게 발달했으며, 솜이불 등을 만들어 겨울을 따뜻하게 보낼 수 있게 되었기 때문이다. 위험한 행동이기는 했지만 문익점 개인이 아닌 백성을 생각해서 한 일이라는 점을 생각해야 한다.